La Guerra Civil

Una Guía Fascinante sobre la Guerra Civil Estadounidense y su Impacto en la Historia de los Estados Unidos

© Copyright 2020

Todos los derechos reservados. Ninguna parte de este libro puede ser reproducida de ninguna forma sin el permiso escrito del autor. Los revisores pueden citar breves pasajes en las reseñas.

Descargo de responsabilidad: Ninguna parte de esta publicación puede ser reproducida o transmitida de ninguna forma o por ningún medio, mecánico o electrónico, incluyendo fotocopias o grabaciones, o por ningún sistema de almacenamiento y recuperación de información, o transmitida por correo electrónico sin permiso escrito del editor.

Si bien se ha hecho todo lo posible por verificar la información proporcionada en esta publicación, ni el autor ni el editor asumen responsabilidad alguna por los errores, omisiones o interpretaciones contrarias al tema aquí tratado.

Este libro es solo para fines de entretenimiento. Las opiniones expresadas son únicamente las del autor y no deben tomarse como instrucciones u órdenes de expertos. El lector es responsable de sus propias acciones.

La adhesión a todas las leyes y regulaciones aplicables, incluyendo las leyes internacionales, federales, estatales y locales que rigen la concesión de licencias profesionales, las prácticas comerciales, la publicidad y todos los demás aspectos de la realización de negocios en los EE. UU., Canadá, Reino Unido o cualquier otra jurisdicción es responsabilidad exclusiva del comprador o del lector.

Ni el autor ni el editor asumen responsabilidad alguna en nombre del comprador o lector de estos materiales. Cualquier desaire percibido de cualquier individuo u organización es puramente involuntario.

Tabla de Contenidos

INTRODUCCIÓN 1
CAPÍTULO 1 - UNA NACIÓN TENSA 3
LOS PASOS HACIA LA SECESIÓN 3
    SE PUBLICA *LA CABAÑA DEL TÍO TOM* 5
    LEY DE NEBRASKA-KANSAS 6
    LINCOLN GANA UNA CARRERA POR ESTRECHO MARGEN 8
CAPÍTULO 2 – SE AGRIETAN LOS CIMIENTOS 11
    CAROLINA DEL SUR AL FRENTE DE LA SECESIÓN 11
    FORT MOULTRIE 12
    LA CONSTITUCIÓN CONFEDERADA 13
    UNA NACIÓN Y UN ESTADO DIVIDIDO 14
    LOS PRESIDENTES 14
        Jefferson Davis 15
        Abraham Lincoln 16
    INAUGURACIÓN DE LINCOLN 19
CAPÍTULO 3 - EL PRIMER DISPARO 28
FORT SUMTER 28
    EL SUR SE LEVANTA 30
CAPÍTULO 4 - BIENVENIDA A LA GUERRA 33

Una Introducción a los Generales 34
   Ulysses S. Grant 34
   Robert E. Lee 35
   William Tecumseh Sherman 37
   Thomas "Muro de Piedra" Jackson 39
Primera Batalla de Bull Run 40
El Monitor contra el Merrimac 42

CAPÍTULO 5 - DÍAS SANGRIENTOS 45
BATALLA DE SHILOH 45
La Campaña de los Siete Días 48
Segunda Batalla de Bull Run 51
El Avance al Norte 53
Antietam 54

CAPÍTULO 6 - PROCLAMANDO LA LIBERTAD 57
EMANCIPACIÓN PRELIMINAR 57
Fredericksburg 58
Proclamación de la Emancipación 62
Expropiación y Reclutamiento Militar 63

CAPÍTULO 7 – LA GUERRA SE VE SOMBRÍA 65
Chancellorsville 66
Gettysburg 68

CAPÍTULO 8 - CAMBIANDO EL RUMBO 70
La Batalla de Chickamauga 72
El Discurso de Gettysburg 73
Batalla de Wilderness (del Desierto) 75
Asedio de Petersburgo 76

CAPÍTULO 9 - LA LUCHA FINAL 79
Sherman Incendia Atlanta 79
Marcha de Sherman al Mar 80
La Caída de Richmond 82

CAPÍTULO 10 - REUNIFICADOS 84

- La 13a Enmienda pone Fin a la Esclavitud 85
- Segundo Discurso Inaugural de Lincoln 85
- Lincoln Baleado 88
- Muere Lincoln 90
- Johnston se Rinde 90
- El Fin de La Confederación 91
- Mi Hermano, Mi Prisionero 92

CAPÍTULO 11 – AMÉRICA DE LA POSGUERRA 95
LA UNIÓN REUNIFICADA 95
- La Reconstrucción (1865-1877) 96

CONCLUSIÓN 100
OBRAS CITADAS 103

Introducción

Ninguna otra guerra en la historia de los Estados Unidos ha provocado tanto debate y conflictos como la guerra civil estadounidense. Durante más de 150 años, la historia de la guerra civil ha sido una fuente de disputas, confusión e incluso desprecio. Aun hoy, el público estadounidense no puede ponerse de acuerdo sobre las causas de la guerra civil, sin importar sus lecciones o legado.

En la guerra civil murieron más estadounidenses que en la Primera Guerra Mundial, la Segunda Guerra Mundial y Vietnam juntas. La guerra no solo enfrentó a estadounidenses entre sí, sino también a familias, vecinos, amigos. En algunas partes de los Estados Unidos, el conflicto entre la Unión y la Confederación todavía sigue siendo profundo. De hecho, las preguntas fundamentales de la guerra civil, preguntas sobre la (des) igualdad racial, los derechos de los ciudadanos y el papel del gobierno, siguen siendo en la actualidad el motivo de debates candentes. En muchos sentidos, la guerra que se cobrara la vida de más de 600.000 estadounidenses hace un siglo y medio sigue siendo la batalla más grande que se librara en suelo estadounidense.

Si entendemos las causas, el transcurso y las repercusiones de la guerra civil, podemos comprender mejor los problemas subyacentes en el clima político estadounidense actual y darnos cuenta de las cicatrices duraderas en la población de los Estados Unidos. A medida que cubramos los acontecimientos que condujeron a la guerra civil, exploraremos las grietas en los cimientos de la Unión; las chispas que encenderían la rebelión y la discordia entre los ciudadanos de los Estados Unidos. La historia de la guerra en sí es un relato de horroroso sufrimiento, así como de una jubilosa liberación. El período posterior a la guerra, conocido como Reconstrucción, fue un audaz experimento de igualdad racial, y la Vieja Confederación resistiría con la misma ferocidad que cualquier avance de la Unión en Gettysburg o Antietam.

Para el público estadounidense, y aun para los historiadores, el jurado aún está deliberando sobre el significado de la guerra civil ¿Fue la guerra civil una guerra librada para mantener a la Unión junta? ¿Se luchó para liberar a los esclavos y poner fin a la plaga de la servidumbre contra la voluntad de la gente que estaban esclavizada ¿Fue una guerra de agresión del norte, justificada por ideales republicanos y sin tener en cuenta el estilo de vida del sur? Dependiendo del año, el ciclo electoral y la perspectiva individual, un estadounidense podría describir la guerra como uno de los más grandes logros o una las mayores tragedias de la historia estadounidense. A través de esta exploración de la guerra civil, aprenderemos sobre los orígenes y los impactos desde estas diversas perspectivas. También aprenderemos cómo explican la guerra civil los historiadores modernos, especialmente cuando sus ideas difieren de las del público en general.

La guerra civil es una historia llena de conflictos y desesperación, pero también plena de esperanza. Es una historia del pasado estadounidense que tiene una gran influencia sobre nuestro presente. Incluso puede ser una historia que podría cambiar nuestro futuro.

Capítulo 1 - Una Nación Tensa

La tensión sobre la esclavitud y su expansión a otros posibles estados y territorios se había convertido en un tema candente de debate. Si bien muchos creían que la Constitución era clara sobre la expansión de la esclavitud, había algunos que vieron sus fortunas en la cuerda floja a medida que Estados Unidos se expandía más hacia el oeste, abriendo nuevos territorios y ofreciendo nuevas oportunidades para los ciudadanos de la Unión. Dado que muchos se pronunciaron o se opusieron a esto, durante las siguientes tres décadas, el tema de la esclavitud dominaría la política estadounidense.

Los Pasos Hacia la Secesión

Desde la formación de los Estados Unidos, los estados del norte y del sur habían estado en desacuerdo sobre la esclavitud. La representación de cada estado en el Congreso de los Estados Unidos está determinada por su población. Cuando se constituyera el país, se realizó un censo de la población de los estados para determinar el número de representantes que le asignarían a cada uno.

Los estados del sur querían que cada esclavo se contara como un ciudadano. Los estados del norte se oponían. Argumentaban que, si los esclavos no tenían los derechos de los otros ciudadanos estadounidenses, no deberían contarse entre la población. La primera pieza de legislación relacionada con la esclavitud jamás adoptada por Estados Unidos se debió a este desacuerdo.

Acuñada como "El Gran Compromiso", la legislación exigía que tres de cada cinco esclavos se contabilizaran en la población total. Esto daba a los estados del sur más poder en términos del número de sus legisladores, pero no tanto como el que tendrían si se contaran todos los esclavos.

Mientras que los Estados Unidos estaban viendo un crecimiento en la industria y la manufactura en el Norte, el Sur estaba pasando por un auge con la agricultura a gran escala a través de la esclavitud. Los dos cultivos más grandes para hacer dinero en el sur eran el tabaco y el algodón, los cuales dependían para ser rentables del trabajo manual de esclavos. El creciente movimiento abolicionista en el Norte estaba presionando para que se prohibiera la esclavitud en los nuevos territorios. Esto provocaría un temor profundamente arraigado en los sureños de que su forma de vida y, por lo tanto, su economía, estaban en riesgo. Posteriormente, estos factores crearían tensiones entre el Norte y el Sur.

El Sur se quejaba de ser la columna vertebral financiera del Norte. El dinero del sur pagaba las necesidades y lujos del norte. Los sureños compraban equipos y ropa del norte al mismo tiempo que enviaban al norte su algodón para ser procesado, y sus hijos para ser educados. El Norte tenía un dominio absoluto sobre la economía del Sur y el potencial de paralizarlos a voluntad.

En 1819, a medida que avanzaba la expansión hacia el oeste, se presentó una medida al Congreso que buscaba prohibir la esclavitud en el territorio de Misuri. Esta medida limitaría aún más la expansión del cultivo de algodón, y también inclinaría aún más el equilibrio del poder del Congreso hacia Norte, ya que otro estado antiesclavista que ingresara a la unión dejaría 12 estados antiesclavistas versus 11 proesclavistas.[1] Se necesitaba un compromiso.

En 1820 se reunió el Congreso en pleno y creó el Compromiso de Misuri. El Compromiso de Misuri permitiría a Misuri ingresara a la Unión como un estado esclavo y Maine ingresaría como un estado libre, permitiendo así la coexistencia 12 estados que estaban en lado opuestos en la cuestión de la esclavitud y manteniendo el poder equilibrado, pero el equilibrio sería débil.[2]

En 1846, la guerra de México amenazaría con revertir el arduo trabajo del Compromiso de Misuri cuando se introdujo una medida que prohibía la "esclavitud o la servidumbre involuntaria" en cualquier territorio ganado después de la guerra. La mención de prohibir la esclavitud irritó el sur y amenazó una paz ya de por sí tensa.[3]

Se Publica *La Cabaña del Tío Tom*

En 1852, cuando se cuestionaba la dignidad de la esclavitud en el norte y los sentimientos de opresión y malentendido impregnaban el sur, se publicó *La cabaña del tío Tom*. Todos los ciudadanos de los Estados Unidos lo recibieron alelados, pero por razones muy diferentes.

En el norte, los abolicionistas se aferraron al libro como su justificación para terminar con la esclavitud en el país. Los norteños quedaron asombrados por la historia de un esclavo que tenía una gran fortaleza cristiana mientras se lo vendía como ganado, cuidaba a un niño enfermo sin medios para hacerlo, y finalmente lo apaleaban hasta matarlo por formular un plan para liberar a los esclavos.

---

[1] Maus, Louis P. *La Guerra Civil: Una Historia Concisa.* New York, Oxford University Press, 2011, 15.

[2] Eicher, David J. *La Noche Más Larga: Una Historia Militar de la Guerra Civil.* New York, Simon y Schuster, 2001, 43.

[3] Maus, Louis P. *La Guerra Civil: Una Historia Concisa.* New York, Oxford University Press, 2011, 10-11.

Los sureños estaban indignados porque pensaban que el libro era una representación injusta de la vida de un esclavo en una plantación en el sur. Su argumento principal era que los negros eran infrahumanos y no tenían la capacidad de sentir dolor o incluso amor. Si los esclavos fueran de la misma especie que el ganado, tenían el derecho golpear a un esclavo que no trabajara, del mismo modo que tenían el derecho de azotar a una mula que no tira de un arado. El libro echaría aún más leña a una gran hoguera que estaba a punto de encenderse.

Ley de Nebraska-Kansas

En 1854, se aprobó la Ley Nebraska-Kansas creando los estados de Nebraska y Kansas. Con la expansión del oeste americano surgió la cuestión de expandir la esclavitud a los nuevos territorios. Dos facciones surgieron en Kansas; los "Free-Staters," (Pro Estados Libres) que querían que Kansas fuera un estado libre sin esclavitud y los "Rufianes Fronterizos" que querían que Kansas ingresara a la Unión como un estado esclavo.[4]

Incluso el discurso político sobre si los estados tenían que ser libres o esclavistas se volvió violento. En 1856, el congresista Charles Sumner de Massachusetts pronunció un discurso contra la esclavitud en el piso de la Cámara. Comenzó llamando proxenetas a los dueños de esclavos sureños e hizo referencias despectivas sobre las discapacidades físicas del hermano del congresista de Mississippi, Preston Brooks.

Brooks se enfureció y se precipitó al pasillo atacando a Sumner con su bastón. Otros congresistas en favor de la esclavitud evitaron que la gente detuviera la paliza blandiendo armas de fuego contra los posibles intervinientes. Los golpes dejaron a Sumner inconsciente en

---

[4] Eicher, David J. *La Noche Más Larga: Una Historia Militar de la Guerra Civil.* New York, Simon y Schuster, 2001, 44.

el piso de la cámara. Le llevaría tres años recuperarse de las heridas infligidas.

Lo que comenzara como un debate político acalorado rápidamente pasó a acciones más severas, incluyendo manipulación de boletas, intimidación y violencia. Estas tácticas, practicadas por otros grupos, condujeron a enfrentamientos y aun brote de violencia que culminara en un conflicto conocido como Kansas Sangrienta. Con este derramamiento de sangre que ya se está convirtiendo en un problema en los territorios de los Estados Unidos, muchos se preguntaban qué sucedería si las elecciones se volvían en favor de los abolicionistas.

La escalada del conflicto entre los abolicionistas y los que estaban a favor de la esclavitud se agravaría aún más en 1857 cuando la Corte Suprema falló contra Dred Scott en *Dred Scott vs. Sanford*. El fallo declaraba: "Un negro libre de raza africana cuyos antepasados fueron traídos a este país y vendidos como esclavos, no es un "ciudadano" en el sentido de la Constitución de los Estados Unidos". Y que "La Constitución de los Estados Unidos reconoce a los esclavos como propiedad y obliga al Gobierno Federal protegerla. Y el Congreso no puede ejercer más autoridad sobre la propiedad de esa descripción de lo que puede ejercer constitucionalmente sobre la propiedad de cualquier otro tipo"[5].

El fallo en *Dred Scott* tuvo más ramificaciones y envalentonó aún más al Sur para expandir la esclavitud ya que los esclavos permanecerían esclavizados sin importar en qué territorio estuvieran. Esto enfureció a muchos en el Norte que habían luchado arduamente para abolir la esclavitud por medios justos y legales. La victoria del sur en el caso Scott fue la gota que colmó el vaso para muchos en el

---

[5] Corte Suprema de Estados Unidos, et al. *La decisión sobre Dred Scott: opinión del Presidente del Tribunal Supremo Taney*. Nueva York: Van Evrie, Horton & Co., 1860, 1860. Pdf. Obtenido de la Biblioteca del Congreso, <www.loc.gov/item/17001543/>.

norte. La próxima carrera por la presidencia determinaría cómo se aplicaría ese fallo, y el resultado de las elecciones se convertiría en la gota que colmaría el vaso de la tensa tregua.

Lincoln Gana Una Carrera por Estrecho Margen

Este fallo no hizo más que envalentonar al Sur. En 1859, John Brown planeó atacar a Virginia para liberar a los esclavos retenidos allí, llevarlos a una incursión más grande y luego provocar una insurrección general de esclavos en ese estado. Antes de que pudiera poner en práctica su plan, necesitaba obtener más armas. El 16 de octubre de 1859, John Brown dirigiría una redada contra el arsenal federal en Harpers Ferry, Virginia. La incursión se consideró un éxito ya que los veintiún hombres (16 blancos, cuatro negros libres y un esclavo fugitivo) tomaron el arsenal federal sin un solo disparo.[6] Esta acción de los abolicionistas incentivaría a ambas partes hacia el conflicto. El Norte vio la posibilidad de asegurar la libertad de los esclavos, mientras que el Sur se centró en los derechos de los estados y los derechos de propiedad, el último de los cuales creían que apoyaba la propiedad permanente de los esclavos.

Por la mañana, las noticias de la incursión se habían extendido y la Milicia de Virginia intercambió disparos con Brown y su banda de abolicionistas. Al día siguiente, los marines de Washington comandados por Robert E. Lee se unieron a la milicia y exigieron la rendición de Brown. Sus contrademandas llevaron a los marines a asaltar su posición y apresar a Brown bajo custodia. Fue juzgado diez días después, declarado culpable y condenado a muerte en la horca.

---

[6] Constable, George, editor. *Hermano Contra Hermano: Libros de Tiempos de Vida. Historia de La Guerra Civil.* New York, Prentice Hall Press, 1990, 32.

Su acción había conmovido el corazón de una nación.[7] John Brown había encendido una mecha que desencadenaría la rebelión en el Sur y la ira en el Norte.

La incursión en Harpers Ferry en 1859 y las próximas elecciones encendieron la mecha en el barril de pólvora de la secesión. La expansión de la esclavitud hacia el oeste fue un tema que se convertiría en el debate entre los candidatos a la presidencia en 1860. En el norte, la gente se unió a un político de Illinois que hablaba sobre el derecho del Congreso a controlar la expansión de la esclavitud en los territorios. El Sur se reunió alrededor de John C. Breckenridge como su salvación contra el creciente movimiento contra la esclavitud. La elección se convirtió en una batalla de cuatro hombres por la Presidencia, cuyos puntos de vista eran tan variados como los hombres que se postulaban para el cargo. Esta carrera de cuatro hombres constituiría una gran parte de un cambio en la política estadounidense.

La contienda entre cuatro hombres Abraham Lincoln, John C. Breckinridge, John Bell y Stephen A. Douglas fue un acontecimiento acalorado y volátil. Al final, Abraham Lincoln ganó por el voto popular y de electores, con 180 votos para electores y casi el cuarenta por ciento del voto popular.[8] El resultado de la elección fue un catalizador para el conflicto. Se le tomaría juramento en la Casa Blanca a un presidente antiesclavista y el Sur estaba descontento con la dirección que estaba tomando la nación.

Una ola de cambios estaba lista para extenderse por toda la Unión. Su efecto se sentiría durante años, décadas y generaciones por venir. El rumbo estaba cambiando, volviéndose en contra de la institución

---

[7] Constable, George, editor. *Hermano Contra Hermano: Libros de Tiempos de Vida. Historia de La Guerra Civil.* New York, Prentice Hall Press, 1990, 33.

[8] Maus, Louis P. *La Guerra Civil: Una Historia Concisa.* New York, Oxford University Press, 2011, 19.

de la esclavitud. Con las elecciones cerca, que reflejaban la división de la nación, la eventualidad de que Abraham Lincoln fuera presidente era una perspectiva que frustraba a muchos y ponía a la unión en un camino que cambiaría a la nación para siempre.

Capítulo 2 – Se Agrietan los Cimientos

Con el panorama cambiante y con cada bando del debate sobre la esclavitud dispuesto a derramar sangre por su causa, la nación buscaría encontrar un punto medio. No eran muchos los estaban abiertos a la discusión ya que cada parte se mantenía firme, tratando de extender sus creencias hacia el oeste y buscando la intervención del gobierno en el debate de larga data. No obstante, otros buscaron mantenerse firmes y optaron por hacer movimientos que tendrían ramificaciones en los años venideros.

Carolina del Sur al Frente de la Secesión

Después de la elección de Lincoln como candidato a la presidencia, el Sur comenzó a quejarse. La plataforma de Lincoln era decididamente antiesclavista, y el mismo Lincoln lo dejó bien en claro "Este gobierno no puede soportar permanentemente ser mitad esclavo y mitad libre..."[9]. Esta declaración de Lincoln llevó a Carolina del Sur

---

[9] Katcher, Philip. *La Guerra Civil Día a Día.* St. Paul, El Grupo de Referencia Brown, 2007, 17.

a separarse de la Unión el 20 de diciembre de 1860, poco más de un mes después de que Lincoln ganara la Presidencia.

Con la salida de un estado, se encendió la mecha para una secesión total de la Unión. Carolina del Sur parecía ser el ejemplo para el resto del Sur. Lentamente, las ruedas del cambio se movieron en una dirección temida tanto por el Norte como por la Unión en su conjunto. Se avecinaba un cambio, pero aún no estaba claro cuál sería ese cambio.

Cuando Lincoln se dirigía hacia Washington, reiteró su postura y trató de hacerle saber a al pueblo que iba a defender la Constitución y que mantendría las leyes actuales sobre esclavos fugitivos. El objetivo de los republicanos era encontrar un compromiso pacífico para acabar con la esclavitud. Con la secesión de Carolina del Sur, muchos temieron que hubiera una solución, pero a la que se podría arribar en forma no pacífica.

Fort Moultrie

Tras la secesión de Carolina del Sur, la Unión intentó mantener el control del desafiante estado. Sin embargo, sus fuerzas desplegadas eran demasiado débiles. El 26 de diciembre de 1860, el comandante Robert Anderson decidió abandonar el puesto de Carolina del Sur en Fort Moultrie y acuartelar a sus tropas en una isla frente a la costa de Charleston, Carolina del Sur, llamada Fort Sumter. Haciendo esto, esperaba poder defenderse con más fuerza contra un ataque de la milicia de Carolina del Sur. El abandono de Anderson de Fort Moultrie envalentonó al Sur a tomar y reclamar el Fuerte para la Confederación.[10]

Con el ejército de Anderson en Fort Sumter, el Sur había aislado a las fuerzas de la Unión en una sola isla frente a la costa de Carolina

---

[10] Constable, George, editor. *Hermano Contra Hermano: Libros de Tiempos de Vida. Historia de La Guerra Civil.* New York, Prentice Hall Press, 1990, 35.

del Sur. Se había producido un cambio importante en el sur. Con el Sur abandonando ostensiblemente la idea de una Unión, se había logrado una clara victoria psicológica. El Sur ahora había reclamado un fuerte de la Unión y construido una presencia militar, esencialmente convirtiéndose en una potencia extranjera que ocupaba los Estados Unidos, algo que no se había visto en casi cien años.

La liberación de Fort Moultrie no solo fue una gran victoria psicológica para el Sur, sino un gran golpe para la Unión, que quería mantener la paz y encontrar una manera de evitar que la guerra llegara a la Unión. El abandono de Fort Moultrie por parte de la Unión personificaría el miedo y el abandono que sentía el Sur, sentimientos a los cuales se aferraría la Confederación. Estos fuertes sentimientos alimentaron la transformación del Sur en los Estados Confederados de América.

La Constitución Confederada

El 8 de febrero de 1861, los delegados de los estados de la secesión se reunieron en Montgomery, Alabama, para adoptar la Constitución Provisional de los Estados Confederados de América. Jefferson Davis fue elegido presidente y prestó juramento el 18 de febrero de 1861[11]. Esta drástica separación y la formación de una República completamente nueva a espaldas de la Unión fue una bofetada para Lincoln y para la Unión misma.

En su discurso inaugural, Davis advirtió al Norte que se trataba de un cambio drástico en el estado de la Unión. Advirtió al Norte que el Sur solo quería ir por un camino separado y permanecer así. Lincoln también trataría de mantener la paz, pero dejaría en claro que la Unión era más importante de lo que querían los estados del sur. Mientras Lincoln se preparaba para dar su primer discurso inaugural,

---

[11] Maus, Louis P. *La Guerra Civil: Una Historia Concisa.* New York, Oxford University Press, 2011, 22.

todos se mantuvieron expectantes con la esperanza de que abogara por una solución pacífica en lugar de lanzar amenazas de guerra.

Una Nación y un Estado Dividido

En los condados del noroeste de Virginia, se estaba gestando una rebelión. En este caso, fueron los unionistas los que se alzaron contra las potencias confederadas en Richmond. El 13 de mayo de 1861, 425 delegados del noroeste de Virginia se reunieron con la intención de separarse de Virginia y convertirse en un nuevo estado bajo las leyes y la protección de la Unión. Aunque plagado de prácticas cuestionables sobre la votación y otros asuntos, se ratificó la Carta y se creó el estado de Virginia Occidental.

A pesar de que Virginia Occidental estaba bajo la bandera de la Unión, estaba llena de simpatizantes del sur. Los delegados del norte de Panhandle quienes confeccionaran los estatutos del estado querían ubicar el capitolio en Wheeling, donde había más apoyo para la Unión. Sin embargo, los leales sureños del sur de Virginia Occidental no querían que su capital estuviera tan al norte e idearon un plan para mudarla más al sur.

Cuando llegó el momento de votar sobre la sede permanente del Capitolio, los legisladores de los condados del sur del estado comenzaron una campaña de desprestigio en contra de Wheeling. Argumentaron que los constituyentes del norte no apoyaban los mismos valores que la mayoría de la población en la parte sur del estado. Sus argumentos fueron tan convincentes que Wheeling ni siquiera figuró en la votación y Charleston se convirtió en la sede permanente del Capitolio del estado.

Los Presidentes

Por razones muy diferentes, los hombres que lideraron ambas naciones fueron dos de los participantes clave en la guerra civil. Aunque ninguno de los dos se levantó en armas en nombre de su nación, sus decisiones terminarían con la vida de más de 600.000 soldados. Ambos hombres provenían de un origen bastante humilde y, sin embargo, alcanzaron el pináculo del servicio público en sus respectivos países. Uno llevaría a su nación a la desaparición, mientras que el otro llevaría a la suya a su resurgimiento.

Jefferson Davis

Davis nació en Fairview, Kentucky, el 3 de junio de 1808. El más joven de diez hijos, Davis se mudó dos veces en su infancia terminando en Luisiana a través de Mississippi. Después de la muerte de su padre, cuando tenía 14 años, el hermano de Davis se convirtió en su padre sustituto y lo alentaría a lo largo de su educación. Cuando tenía 16 años, el su hermano Davis le consiguió una cita en la Academia Militar de los Estados Unidos. Después de graduarse dentro del tercio con notas más bajas de su clase, y de ser sometido a una corte marcial junto con el 30 por ciento de sus compañeros de clase por agregarle alcohol al ponche de Navidad, fue destinado a Fort Crawford, en el territorio de Michigan.

En 1844, ganó las elecciones para su primer cargo político en representación de Mississippi en la Cámara de Representantes de los Estados Unidos. Cuando estalló la guerra mexicano-estadounidense, Davis renunció a la Cámara y reunió a un regimiento de voluntarios de su distrito para participar en el conflicto. Davis lucharía valientemente en múltiples batallas en la guerra. Incluso fue arrastrado fuera del teatro de conflicto después de recibir un disparo en el pie durante la batalla de Buena Vista.

Después de la guerra, Davis regresó a Mississippi como un héroe. Fue nombrado por el gobernador para llenar una vacante en uno de los escaños en el Senado y su nombramiento fue ratificado por el congreso estatal en enero de 1848. Sirvió en ese cargo durante cinco años hasta que el recién elegido presidente Franklin Pierce eligió a Davis como su Secretario de Guerra. Durante el tiempo en esa posición, trazó los planos para el Ferrocarril Transcontinental y aumentó el tamaño y la paga del ejército.

Después de que Pierce perdiera la reelección y Davis su puesto de Secretario de Guerra, recuperó su escaño en el Senado por el estado de Mississippi. Durante ese período como senador, las tensiones entre el Norte y el Sur aumentarían. Los acalorados debates e incluso la violencia en el piso del Congreso llevaron a la inevitable secesión del estado de Mississippi.

Una vez que su estado natal se separara, Davis contactó al Gobernador para ofrecerle sus servicios en nombre de Mississippi. Fue nombrado general en la milicia del estado, pero luego fue nominado para presidente de los Estados Confederados de América. El 19 de febrero de 1861, Jefferson Davis juraría como el primer y único titular del cargo del país en ciernes.

Abraham Lincoln

El 12 de febrero de 1809, nacía el decimosexto presidente de los Estados Unidos de América. En una pequeña cabaña de madera de una habitación en Hodgenville, Kentucky, Abraham Lincoln llenaría de aire sus pulmones por primera. Después de muchas disputas sobre títulos de propiedad en Kentucky, su padre se mudó con su familia a Indiana debido a la falta de confianza en las prácticas de administración de tierras del gobierno de Kentucky.

Cuando vivían en la frontera de Indiana, poco después de su noveno cumpleaños, su madre murió de la enfermedad de la leche. Un año después, su padre se volvería a casar con una viuda con hijos de su anterior matrimonio. Lincoln se encariñó mucho con la nueva esposa de su padre, y finalmente la aceptaría como su verdadera madre. La vida en la frontera no se adaptaba al joven Lincoln. Las tareas típicas aburrían al erudito "hecho a sí mismo". Era más competente leyendo, escribiendo y componiendo poesía que operando un arado.

Cuando llegó a la adolescencia, Lincoln se había acostumbrado más al estilo de vida pionero. Se convirtió en un experto en blandir un hacha y ganaría muchos combates de lucha libre entre rufianes locales. Sin embargo, otro brote de enfermedad de la leche a lo largo del río Ohio asustó a la familia lo suficiente como para que se mudaran una vez más. Esta vez se dirigieron hacia el oeste, cerca de Decatur, Illinois. Después de otro intento fallido por parte de su padre, Lincoln decidió que era hora de abrir su propio camino.

En su primer trabajo en una barcaza en New Salem, Illinois, su tripulación se encargaba de transportar una carga de mercancías a través del río Sangamon a Nueva Orleans, en la desembocadura del Mississippi. Cuando Lincoln descargó la barcaza en Nueva Orleans, vio por primera vez la brutal realidad de la esclavitud. Las familias que eran separadas para venderlas en una subasta, brutales pozos de lucha para entretenimiento y la violación de mujeres esclavas quedaron grabadas en su cerebro mientras se dirigía a su hogar en Illinois, donde pasaría los próximos seis años.

Durante esos seis años, Lincoln fracasaría en el negocio mercantil, convirtiéndose en un oficial de la milicia durante las guerras del Halcón Negro y dirigió una campaña fallida para un cargo local. Sin embargo, siendo un ávido aprendiz, Lincoln decidió comenzar a estudiar derecho. No asistiría a ninguna de las escuelas de leyes; solo leería todos libros de leyes que podía encontrar. Fue admitido en el Colegio de Abogados de Illinois en 1836, y ejerció la abogacía en Springfield, Illinois, hasta 1844. Durante su estancia en Springfield, también fue elegido miembro de la Cámara de Representantes de Illinois durante cuatro períodos consecutivos.

El ingreso de Lincoln a la política nacional se produjo en 1846 cuando fue elegido miembro de la Cámara de Representantes de los Estados Unidos como miembro del partido Whig (partido político que existió durante el siglo XIX en los Estados Unidos). Después de comprometerse a servir durante un solo período como representante, las esperanzas de Lincoln de unirse al gabinete de la nueva administración se vieron frustradas cuando eligieron a su rival político de Illinois. Lincoln se resignó a practicar leyes nuevamente en Illinois después que se desvanecieran sus esperanzas de quedarse en Washington.

Lincoln se mantuvo alejado de los centros de atención durante los próximos años hasta que dio su opinión sobre el incidente de Kansas Sangrienta. No sería sino hasta finales de octubre de 1854 que denunciaría públicamente la esclavitud en un discurso en Peoria, Illinois. Sin embargo, debido a la división del Partido Whig por el tema de la esclavitud, Lincoln se fue con la esperanza de ganar un escaño en el Senado de Illinois como Republicano al actual demócrata Stephen Douglas.

Durante la carrera por el Senado, Lincoln y Douglas participarían en una serie de siete debates que se convertirían en el argumento base no solo de la legalidad de la esclavitud, sino también de la legitimidad ética del comercio de esclavos. La mayoría consideró a Lincoln el ganador de los debates y los republicanos obtuvieron la mayoría del voto popular. Pero, de acuerdo con las leyes en ese momento, la legislatura era la que elegía al senador. Como la mayoría de la legislatura del estado eran demócratas, Stephen Douglas obtuvo el escaño a pesar de la elección de los votantes.

Aunque Lincoln perdió la carrera por el Senado, la campaña no solo elevó su perfil en general, sino también su popularidad dentro del Partido Republicano. A medida que se acercaba 1860 y la próxima elección presidencial, Lincoln se había convertido en uno de los principales candidatos para la nominación. El 18 de mayo de 1860, Lincoln obtendría la nominación republicana para presidente y comenzaría su ascenso a la fama.

Inauguración de Lincoln

El 4 de marzo de 1861, Abraham Lincoln prestó juramentado como el decimosexto presidente de los Estados Unidos.[12] Su discurso durante este juramento tuvo un trasfondo de ira. Juró defender la Unión y que haría todo lo que estuviera en su poder para encontrar una manera pacífica de reunir a una Unión fracturada. Usaría un lenguaje fuerte y severo, pero nunca amenazaría directamente a la Confederación recién formada. Deseaba la paz y buscaba una solución para apaciguar a todas las partes.

Cuando Lincoln se puso de pie para pronunciar su discurso en 1861, creía que todavía había tiempo para reunir a muchos en el sur del lado de la Unión y alentarlos a ayudar a alcanzar una solución pacífica, evitando cualquier conflicto adicional. Por su dominio de las palabras, el arte de la persuasión era innato en Lincoln. A través de sus muchos discursos a lo largo de la campaña, así como en su inauguración, había despertado respeto, esperanza e incluso enojo. Este discurso inaugural tenía la intención de abordar todas las preocupaciones tanto del Norte como del Sur en cuanto a lo que él y su administración esperaban lograr. Aunque sabía que adoptar una postura demasiado fuerte contra la esclavitud provocaría al Sur, también sabía que tenía que mantenerse firme con respecto a las leyes de la tierra y la visión predominante de la esclavitud en la Unión.

"Entre los pueblos de los Estados del Sur parece existir la aprensión de que, por el acceso de una Administración Republicana, sus propiedades su paz, y seguridad personal deben estar en peligro. Nunca ha habido una causa razonable para tal aprehensión. De hecho, la evidencia más amplia de lo contrario ha existido todo el tiempo y ha estado abierta a vuestra inspección. Se encuentra en casi todos los discursos publicados del que ahora se dirige a vosotros. Lo

---

[12] Maus, Louis P. *La Guerra Civil: Una Historia Concisa.* New York, Oxford University Press, 2011, 23.

único que hago es citar uno de esos discursos cuando declaro que: "No tengo ningún propósito, directo o indirecto, de interferir con la institución de la esclavitud en los Estados donde existe"[13].

Lincoln quería dejar en claro que era partidario de la ley, la Constitución y los derechos de los estados. Sin embargo, muchos en el sur tomaron sus comentarios sobre la ley de esclavos fugitivos como una declaración de su intención de llevar las cosas más allá. Su objetivo era transmitir su intención de hacer cumplir lo que ya estaba en los libros de leyes y no cargar innecesariamente a los tribunales o al Sur con más leyes. Lincoln tenía toda la intención de encontrar una manera de abolir la esclavitud. Sin embargo, no quería que sucediera a expensas de la guerra o el innecesario derramamiento de sangre.

"Existe mucha controversia sobre la entrega de fugitivos forzados a prestar servicios o trabajar. La cláusula que leí ahora está tan claramente escrita en la Constitución como cualquier otra de sus disposiciones: ninguna persona forzada a prestar servicios o trabajar en un Estado, bajo sus leyes, escapando a otro, como consecuencia de la ley o reglamento en ella de dicho servicios o trabajo, sino que se la entregará a solicitud de la parte a la que se deba dicho servicio o trabajo"[14].

Lincoln advirtió severamente al Sur que su intención indeclinable era mantener la Unión. Sabía que para mantener la paz tendría que advertirles que la Constitución era ley y que tenía la intención de

---

[13] Lincoln, Abraham. *Documentos de Abraham Lincoln: Serie 1. Correspondencia General. -1916: Abraham Lincoln, enero-febrero de 1861 Primer Discurso Inaugural, Primer Borrador Impreso*. Enero de 1861. Manuscrito / Material Mixto. Recuperado de la Biblioteca del Congreso, <www.loc.gov/item/mal0770200/>.

[14] Lincoln, Abraham. *Documentos de Abraham Lincoln: Serie 1. Correspondencia General. -1916: Abraham Lincoln, enero-febrero de 1861 Primer Discurso Inaugural, Primer Borrador Impreso*. Enero de 1861. Manuscrito / Material Mixto. Recuperado de la Biblioteca del Congreso, <www.loc.gov/item/mal0770200/>.

cumplirla. Estaba destinada a ser un momento de claridad para el Sur; para que vieran que al mantener viva la institución de la esclavitud no estaban cumpliendo con la Constitución. Con esta declaración sobre la Constitucionalidad de la esclavitud, instaba al Sur a repensar su situación, que se dieran cuenta de que no estaban siguiendo la intención de la Constitución, y pretendían enmendar sus leyes para que reflejaran la ley suprema de la tierra.

"Un desarreglo de la Unión Federal, hasta ahora solo amenazado, ahora se intenta de manera formidable. Sostengo que, al contemplar el derecho universal y la Constitución, la Unión de estos Estados es perpetua. La perpetuidad está implícita, si no se expresa, en la ley fundamental de todos los gobiernos nacionales. Es seguro afirmar que ningún gobierno en sí tuvo una disposición en su ley orgánica para su propia terminación. Continuaré ejecutando todas las disposiciones expresas de nuestra Constitución Nacional, y la Unión perdurará para siempre, siendo imposible destruirla excepto por alguna acción no prevista en el mismo instrumento"[15].

Con la intención de hacer cumplir la Constitución, Lincoln advirtió ferozmente al Sur que no se utilizaría la fuerza a menos que ellos atacaran primero. Tenía la intención de evitar que la Unión se disolviera y utilizaría todos los medios legales y militares para hacer cumplir la Constitución, las leyes del país y la paz continua de los Estados Unidos. Denunció el derecho legal de secesión y quiso poner fin a la noción antes de que se arraigara en el Sur. La postura firme contra cualquier acción para amenazar o romper la Unión fue una posición que Lincoln no tomaría a la ligera. Muchos en el Sur vieron esta parte de su discurso como una amenaza directa contra su libertad, así como una condena de su deseo de separarse de la Unión

---

[15] Lincoln, Abraham. *Documentos de Abraham Lincoln: Serie 1. Correspondencia General. -1916: Abraham Lincoln, enero-febrero de 1861 Primer Discurso Inaugural, Primer Borrador Impreso.* Enero de 1861. Manuscrito / Material Mixto. Recuperado de la Biblioteca del Congreso, <www.loc.gov/item/mal0770200/>.

para mantener su estilo de vida y liberarse del gobierno de Lincoln que se percibía como una tiranía.

"Pero si la destrucción de la Unión por uno o solo una parte de los Estados es legalmente posible, la Unión es menos perfecta que antes de la Constitución, ya que ha perdido el elemento vital de la perpetuidad. De estos puntos de vista se deduce que ningún Estado por su propio mero movimiento puede separase legalmente de la Unión; que resuelve, y las ordenanzas a tal efecto son legalmente nulas, y que los actos de violencia dentro de cualquier Estado o Estados contra la autoridad de los Estados Unidos son insurreccionales o revolucionarios, según las circunstancias"[16].

Usando palabras aún más fuertes, el discurso continuó diciendo que la Unión misma era la columna vertebral de la libertad, la justicia y la ley suprema de la tierra. Cualquier intento de destruir la Unión sería un acto de guerra, y la Unión haría todo lo que estuviera en su poder y alcance para mantenerse intacta y funcionando como lo había hecho durante todos los años desde su creación. La Unión y los estados dentro de ella eran más antiguos que la Constitución, y el Sur era una parte necesaria de la Unión. Lincoln sabía que con la división sobrevendría un gran cambio en la faz de América.

"Confío en que esto no se considerará como una amenaza, sino solo como el propósito declarado de la Unión de defenderse y mantenerse constitucionalmente. Al hacerlo, no debe haber derramamiento de sangre ni violencia, y no habrá ninguna a menos que se la imponga a la autoridad nacional. El poder que se me confió se utilizará para mantener, ocupar y poseer los bienes y lugares que pertenecen al Gobierno y para recaudar los derechos e impuestos; pero más allá de lo que pueda ser necesario para estos objetivos, no

---

[16] Lincoln, Abraham. *Documentos de Abraham Lincoln: Serie 1. Correspondencia General. -1916: Abraham Lincoln, enero-febrero de 1861 Primer Discurso Inaugural, Primer Borrador Impreso. Enero de 1861.* Manuscrito / Material Mixto. Recuperado de la Biblioteca del Congreso, <www.loc.gov/item/mal0770200/>

habrá invasión, no se usará la fuerza contra o entre las personas en ninguna parte. Cuando la hostilidad hacia los Estados Unidos en cualquier localidad interior sea tan grande y universal como para evitar que los ciudadanos residentes competentes mantengan las oficinas federales, no se intentará forzar a extraños desagradables entre las personas por ese objeto. Si bien puede existir un estricto derecho legal en el Gobierno para hacer cumplir el ejercicio de estas oficinas, el intento de hacerlo sería tan irritante y casi impracticable que creo que es mejor renunciar por el momento a los usos de dichas oficinas"[17].

Lincoln se mantendría firme en su creencia en la abolición de la esclavitud, que tocaba un nervio en el Sur ya que era su principal medio de producción. Hizo un llamamiento a los ciudadanos morales para que dieran un paso adelante y encontraran una manera de mantener unida a la Unión y no dejaran que la esclavitud fuera el problema que causaba desconfianza y separación. Tenía la intención de usar la Constitución para mantener las leyes de la Unión y al mismo tiempo advertir al Sur de que usaría todos los recursos disponibles para mantener la Unión. Nuevamente, muchos en el Sur se sintieron amenazados por las declaraciones de Lincoln y esto los motivó aún más a intentar abrirse un camino fuera de la Unión hacia la formación de una nación dentro de una nación.

"Una sección de nuestro país considera que la esclavitud es correcta y debe extenderse, mientras que la otra cree que está mal y no debe extenderse. Esta es la única disputa sustancial. La cláusula de esclavos fugitivos de la Constitución y la ley para la supresión de la trata de esclavos extranjeros están cada una para cumplirse, tal vez, como ninguna ley que pueda existir en una comunidad donde el

---

[17] Lincoln, Abraham. *Documentos de Abraham Lincoln: Serie 1. Correspondencia General. -1916: Abraham Lincoln, enero-febrero de 1861 Primer Discurso Inaugural, Primer Borrador Impreso. Enero de 1861.* Manuscrito / Material Mixto. Recuperado de la Biblioteca del Congreso, <www.loc.gov/item/mal0770200/>

sentido moral del pueblo apoya imperfectamente la ley misma. La gran masa de gente acata la obligación legal seca en ambos casos, y algunos pocos la rompen otra vez en cada uno. Esto, creo, no se puede curar perfectamente, y sería peor en ambos casos después de la separación de las secciones que antes"[18].

Lincoln explicó que la secesión y la violencia no eran las formas adecuadas de cambiar el gobierno, sino que una enmienda constitucional era el único método aceptable para obtener lo que querían. Sin embargo, con una mayoría republicana, el Sur no vio eso como una opción prometedora. Lincoln sabía que cada estado tenía la capacidad de generar tal enmienda y presentarla, pero muchos sintieron que moriría en el Congreso, ya que la abolición de la esclavitud estaba en la conciencia de la mayoría.

"Este país, con sus instituciones, pertenece a la gente que lo habita. Siempre que se cansen del Gobierno existente, pueden ejercer su derecho constitucional de enmendarlo o su derecho revolucionario de desmembrarlo o derrocarlo"[19].

Como el religioso que era, Lincoln sabía muy bien que la ideología cristiana era importante en el Sur, por lo cual les suplicó que examinaran detenidamente las enseñanzas espirituales de Dios y vieran que lo que estaban haciendo como dueños de esclavos estaría mal visto por Él. Lincoln entendió que la mayoría tendría la última

---

[18] Lincoln, Abraham. *Documentos de Abraham Lincoln: Serie 1. Correspondencia General. -1916: Abraham Lincoln, enero-febrero de 1861 Primer Discurso Inaugural, Primer Borrador Impreso. Enero-febrero de 1861.* Manuscrito / Material Mixto. Recuperado de la Biblioteca del Congreso, www.loc.gov/item/mal0770200/.

[19] Lincoln, Abraham. *Documentos de Abraham Lincoln: Serie 1. Correspondencia General. -1916: Abraham Lincoln, enero-febrero de 1861 Primer Discurso Inaugural, Primer Borrador Impreso. Enero-febrero de 1861.* Manuscrito / Material Mixto. Recuperado de la Biblioteca del Congreso, www.loc.gov/item/mal0770200/.

palabra y que el ímpetu contra la esclavitud traería una resolución justa.

"Si el Todopoderoso Gobernante de las Naciones, con Su verdad y justicia eternas, está del lado de vosotros los del Norte, o del vosotros, los del Sur, esa verdad y esa justicia seguramente prevalecerán por sobre el juicio de este gran tribunal del pueblo estadounidense"[20].

Con sus amenazas dirigidas al Sur, Lincoln los instó a tomarse tiempo y a no ser precipitados. Lanzarse hacia la secesión o la guerra conduciría a consecuencias irrevocables, lo que sería perjudicial tanto para el Norte como para el Sur. La naturaleza cautelosa de Lincoln y su creencia de que todo podía resolverse con palabras y sin derramamiento de sangre, le dio esperanzas y tenía la intención de alentar a toda la gente de la Unión y el Sur a buscar la paz antes de que se derramara más sangre.

"Mis compatriotas, a todos y a cada uno de vosotros, pensad con calma y bien sobre todo este asunto. Nada valioso se puede perder tomándose tiempo. Si hay un objeto que apure a cualquiera de vosotros a toda prisa a un paso que nunca daríais deliberadamente, ese objeto se frustrará tomándose tiempo; puesto que ningún buen objeto puede ser frustrado por ello"[21].

Lincoln también reiteraría su juramento a la Constitución como un juramento solemne a Dios y a la Unión. Con este juramento, sabía

---

[20] Lincoln, Abraham. *Documentos de Abraham Lincoln: Serie 1. Correspondencia General. -1916: Abraham Lincoln, enero-febrero de 1861 Primer Discurso Inaugural, Primer Borrador Impreso. Enero-febrero de 1861.* Manuscrito / Material Mixto. Recuperado de la Biblioteca del Congreso, www.loc.gov/item/mal0770200/..

[21] Lincoln, Abraham. *Documentos de Abraham Lincoln: Serie 1. Correspondencia General. -1916: Abraham Lincoln, enero-febrero de 1861 Primer Discurso Inaugural, Primer Borrador Impreso. Enero-febrero de 1861.* Manuscrito / Material Mixto. Recuperado de la Biblioteca del Congreso, www.loc.gov/item/mal0770200/

que pesaría sobre sus hombros mantener la Unión y seguir la voluntad de la gente. La voluntad del pueblo estaba fuertemente en contra de la esclavitud, pero necesitaba encontrar una manera de mantener unida a la Unión, esperando que la paz se mantuviera el tiempo suficiente para que el Sur viera el error de sus caminos y llegara a su propia conclusión sobre la esclavitud.

"No tenéis ningún juramento registrado en el cielo para destruir al Gobierno, mientras que yo tendré el más solemne para preservarlo, protegerlo y defenderlo. Soy reacio a darme por vencido. No somos enemigos, sino amigos. No debemos ser enemigos. Aunque la pasión puede haberse tensado, no debe romper nuestros lazos de afecto. Los acordes místicos de la memoria, que se extienden desde cada campo de batalla y tumba patriota hasta cada corazón vivo y piedra de hogar en toda esta amplia tierra, sin embargo, se hinchará el coro de la Unión, cuando nuevamente sean tocados, como seguramente lo serán, por los mejores ángeles de nuestra naturaleza"[22].

Sin embargo, sus palabras no fueron tomadas a la ligera en el Sur y surgió una creciente ola de desdén por el norte, especialmente en Carolina del Sur. Al día siguiente, Lincoln recibió un mensaje urgente de una carta del Mayor Anderson estacionado en Fort Sumter solicitando ayuda y refuerzos para su posición en el Puerto de Charleston. Lincoln, sabiendo que estaba en una situación precaria, ordenó una misión de ayuda. Exigió que la armada solo dotara de suministros a las tropas en Fort Sumter y que no se desembarcaran soldados o refuerzos adicionales en la isla.[23] También exigiría que no se contrataran tropas confederadas a menos que los confederados

---

[22] Lincoln, Abraham. *Documentos de Abraham Lincoln: Serie 1. Correspondencia General. -1916: Abraham Lincoln, enero-febrero de 1861 Primer Discurso Inaugural, Primer Borrador Impreso. Enero-febrero de 1861.* Manuscrito / Material Mixto. Recuperado de la Biblioteca del Congreso, www.loc.gov/item/mal0770200/.

[23] Stokesbury, James L. *Una Breve Historia de la Guerra Civil.* New York, Harper Collins, 1995, 9.

interfirieran. Fort Sumter se había convertido en un premio tanto para la Unión como para la Confederación. Con este movimiento audaz, Lincoln había alertado a la Confederación sobre el valor de la pequeña isla, dándoles un objetivo en el que fijar su mirada.

La Confederación se había envalentonado y sintió que el movimiento precipitado de la Unión era una señal de debilidad. El Sur trató de afirmar su independencia mientras esperaba que su victoria militar expulsara a la Unión de los Estados Confederados y los dejara en paz. Lincoln no se daría por vencido tan rápido. Intentaría encontrar una solución a la rebelión, incluso una que pudiera conducir a la guerra: algo que había intentado evitar de todo corazón.

Capítulo 3 - El Primer Disparo

La separación mediante elecciones fue el primer paso hacia una nación dividida. Con la secesión de los estados del Sur y la formación de los Estados Confederados de América, el siguiente paso lógico era un movimiento de la Unión o la Confederación hacia una nueva división. O la Unión dejaría en paz a los Estados Confederados, o uno de ellos arrastraría al otro a una guerra, que Lincoln todavía quería evitar desesperadamente. Solo el tiempo diría qué lado haría el primer movimiento. Lincoln aspiraba a resolver la situación por la vía diplomática, pero Davis no tenía problemas con el conflicto. Muy pronto los dos tendrían que aceptar la realidad de la situación.

Fort Sumter

Después de la inauguración de Lincoln, el Sur comenzó a avanzar con más secesiones. El 10 de abril de 1861, el secretario de guerra confederado Leroy Pope Walker exigiría la evacuación inmediata de Fort Sumter y amenazaría con reducirlo a escombros si se negaban. El mayor Beauregard había estado esperando una respuesta de la Unión y, mientras tanto, había rodeado a Fort Sumter con artillería y tenía 6.000 hombres listos para combate.[24]

El 12 de abril de 1861, el Sur nuevamente intentó asegurarse una rendición pacífica del comandante Anderson del ejército de la Unión. Se le advirtió al mayor Anderson que si no cumplía y se rendía en una hora, abrirían fuego.[25] La Unión no lo iba a admitir.

Cerca del amanecer, el teniente Farley del ejército confederado disparó el primer tiro. Su disparo marcaría el comienzo de un cambio cuando el resto de las baterías de la Confederación se abrió paso en Fort Sumter. Dentro de sus muros, el Mayor Anderson se preparaba para una batalla puramente defensiva dado que con su pequeño ejército de 10 oficiales, y 68 soldados no podía montar una ofensa realista. Estaba esperando refuerzos.

No fue sino hasta más tarde del mismo día cuando la Unión lanzaría el primer disparo contra una batería de la flota anclada cerca de Fort Moultrie, la fortaleza abandonada de la Unión. El bombardeo de Fort Sumter aumentaría a medida que el ejército confederado disparaba balas de cañón calentadas en hornos, conocidas como "tiro en caliente" en la base quemando las paredes y prendiendo fuego a la madera expuesta[26].

A medida que avanzaba el día, hubo un rayo de esperanza cuando vieron acercarse al Capitán Fox y el barco de vapor Baltic La esperanza duró poco, ya que el miedo al hundimiento hizo que el barco de la Unión volviera a alta mar y abandonara a los hombres en Fort Sumter. A medida que avanzaba la noche, la lluvia ayudaría a los

---

[24] Eicher, David J. *La Noche Más Larga: Una Historia Militar de la Guerra Civil.* New York, Simon y Schuster, 2001, 39.

[25] Eicher, David J. *La Noche Más Larga: Una Historia Militar de la Guerra Civil.* New York, Simon y Schuster, 2001, 40.

[26] Eicher, David J. *La Noche Más Larga: Una Historia Militar de la Guerra Civil.* New York, Simon y Schuster, 2001, 40.

hombres en Fort Sumter a apagar incendios y el ejército confederado tuvo un respiro del constante bombardeo.[27]

Al mediodía del 13 de abril de 1861, el bombardeo había aumentado y Fort Sumter estaba ardiendo. El Fuerte había dejado de devolver el fuego y la Confederación vio acercarse la victoria. A las 7 de la noche, Fort Sumter había acordado rendirse. Se fijaron los términos y las tropas en Fort Sumter salieron de la base el 14 de abril, marchando hacia una salva de 100 armas lanzadas por la Confederación en honor a sus valientes enemigos.[28] La Confederación había disparado el primer tiro de la guerra y había salido victoriosa. Había comenzado oficialmente la guerra civil.

El Sur Se Levanta

Tras la noticia de la victoria confederada en Fort Sumter, voluntarios militares comenzaron a acudir en masa a las milicias estatales para ayudar a sus hermanos en Carolina del Sur. Desde Virginia hasta Texas, la noticia de la victoria del Sur alegró al Sur, y le cambió el ánimo. El Norte quedó atónito e indignado porque la Unión se había dividido y reducido a la guerra para resolver las diferencias. A ambos bandos les preocupaba que lo que comenzara como una respuesta en gran medida política, pudiera convertirse en una guerra total.

Tanto Lincoln como el recién elegido Jefferson Davis querían evitar el derramamiento de sangre. Davis entendía la ventaja que tenía el Norte en fábricas, población y transporte. El sur tenía aproximadamente un tercio de la capacidad del norte. Las probabilidades no estaban a su favor. Davis le suplicó a Lincoln que dejara al Sur como estaba y dejara que lo pasado fuera pasado. Sin

---

[27] Constable, George, editor. *Hermano contra Hermano: Libros de los Tiempos de Vida Historia de la Guerra Civil.* Nueva York, Prentice Hall Press, 1990, 39.

[28] Stokesbury, James L. *Una Breve Historia de la Guerra Civil.* New York, Harper Collins, 1995, 11.

embargo, aun pediría que se presentaran 100.000 voluntarios para prepararse para la guerra.

Lincoln también actuaría con rapidez y el 15 de abril de 1861, también emitió una orden para las tropas. Solicitó 75.000 voluntarios para tres meses de servicio por medio de un decreto presidencial.[29] Cinco días después ordenaría el bloqueo naval de todos los puertos del Sur.[30] Lincoln buscaría mantener la paz a través de la superioridad militar. Con el Congreso en el receso de primavera, Lincoln actuaría de acuerdo con lo que el veía como la mejor manera de mantener el orden hasta que el Congreso pudiera volver a reunirse y ayudar a Lincoln a terminar la guerra o a declararla.

Sabiendo que necesitaba reunir más apoyo y ganarse la opinión pública, programó una sesión especial del Congreso para el cuatro de Julio.[31] El Sur respondió del mismo modo y reunió a otros estados a favor de la secesión. Algunos estados como Virginia tenían programado votar por la secesión, sin embargo, las milicias estatales tomaron el asunto en sus manos. El 18 de abril, una milicia de Virginia atacó Harpers Ferry. El sur bombardeó el arsenal. Para evitar que las armas cayeran en manos confederadas, la Unión prendió fuego a 15.000 armas y se retiró a través del río Potomac hacia Maryland. Cuando el Sur llegó para reclamar el fuerte, encontraron 5.000 rifles en condiciones de uso y consideraron la batalla como una victoria.[32]

---

[29] Stokesbury, James L. *Una Breve Historia de la Guerra Civil.* New York, Harper Collins, 1995, 11.

[30] Maus, Louis P. *La Guerra Civil: Una Historia Concisa.* New York, Oxford University Press, 2011, 25.

[31] Maus, Louis P. *La Guerra Civil: Una Historia Concisa.* New York, Oxford University Press, 2011, 27.

[32] Constable, George, editor. *Hermano contra Hermano: Libros de los Tiempos de Vida Historia de la Guerra Civil.* New York, Prentice Hall Press, 1990, 41-42.

En la cresta de la ola de la victoria y Harpers Ferry, la milicia de Virginia asaltó Norfolk Navy Yard, (astilleros pertenecientes a la Armada de los Estados Unidos). Al enterarse del intento de captura, el comandante del astillero ordenó que todos los barcos posibles se dirigieran al mar, y cualquiera que no estuviera en condiciones de navegar fuera quemado y hundido. Solo tres barcos llegaron al mar. El Sur una vez más obtuvo una victoria, apoderándose del U.S.S. (Buque de la Marina de EE. UU.) Merrimack y más de 1.000 cañones navales que podrían usarse para reforzar otras fortificaciones en todo el Sur.[33]

El U.S.S. Merrimack se conocería como el C.S.S. ("Barco de los Estados Confederados") Virginia y se convertiría en una amenaza para la marina de la Unión. Con estas pequeñas victorias, el Sur ganó impulso y voluntarios. Cada vez más personas se dirigirían a Virginia para participar en la acción y saborear el triunfo de lo que creían que era una guerra ya ganada. El celo de la victoria fue tan contagioso que incluso Jefferson Davis trasladó su sede de poder a Richmond, Virginia. La marea del cambio se extendió por el Sur cuando Tennessee, Arkansas y Carolina del Norte se unieron a los Estados Confederados de América, haciendo que la división del Norte y el Sur fuera aún mayor que antes. Con este gusto por la victoria, el Sur se unió en una nación hecha y derecha unida contra lo que veían como un enemigo común. Mientras el Norte lamía sus heridas y se preguntaba cuál sería el destino de esta gran nación. Washington D.C. estaba preocupado, al igual que Lincoln. Había sido el primer derramamiento de sangre, y la Unión estaba preocupada por su futuro.

---

[33] Eicher, David J. *La Noche Más Larga: Una Historia Militar de la Guerra Civil.* New York, Simon y Schuster, 2001, 55.

Capítulo 4 - Bienvenida a la Guerra

El 4 de julio de 1861, fue una sesión especial del Congreso. El presidente Lincoln tomaría una decisión una acción audaz pidiendo 400.000 hombres y 400 millones de dólares para detener la rebelión del Sur.[34] Argumentaría que, en lugar de librar una guerra, trataría de reunir al Norte y al Sur, poniendo fin a la división de la Unión. Lincoln también implementaría la suspensión del recurso de hábeas corpus en, o cerca de las líneas militares, lo que significaba que los sureños podrían ser detenidos sin llevarlos ante un tribunal.

La estrategia pasó a la vanguardia del liderazgo de la Unión. El objetivo de Lincoln y el ejército de la Unión era detener la rebelión lo más rápido posible. Una guerra prolongada dividiría aún más a la nación y convertiría los recursos en un derramamiento de sangre innecesario. Los líderes de la Unión estuvieron de acuerdo en que, si Richmond caía, el liderazgo del Sur también caería y la guerra

---

[34] Stokesbury, James L. *Una Breve Historia de la Guerra Civil.* New York, Harper Collins, 1995, 37.

terminaría. El sentimiento de "Ir sobre Richmond" se hizo eco en todo el Norte.[35]

Lincoln y los líderes de la Unión estuvieron de acuerdo. A principios de julio, el ejército de la Unión se trasladó al valle de Shenandoah. Un ejército confederado respondió a esta acción trasladándose a una posición separada en el mismo valle. Por primera vez en casi doscientos años, la guerra se libraría en el continente americano. Esta vez era hermano contra hermano, ciudadano contra ciudadano. Los riesgos de la guerra eran más grandes que nunca. La Unión misma estaba amenazada, y cualquier división resultante podría y tendría consecuencias duraderas. La guerra estaba por llegar.

Una Introducción a los Generales

Es tanto el saber popular rodea a los generales que participaron en esta guerra que a veces es difícil discernir el mito del hecho al recordar las acciones de estos hombres. Sin embargo, para tratar de entender de dónde venían y quiénes eran cuando comandaron los ejércitos que determinarían el futuro de los Estados Unidos, es esencial comprender los métodos que usaron.

Ulysses S. Grant

Hiram Ulysses Grant nació el 27 de abril de 1822, el futuro presidente de los Estados Unidos de América prosperó en la curtiduría de su estricto padre metodista. No solo mostraría habilidad para curtir cueros de animales, sino que también sobresaldría montando y entrenando a los mismos caballos de cuyos cueros su padre fabricaría arneses, bridas y sillas de montar.

Su padre utilizaría un favor personal de un político local para que su hijo fuera admitido en West Point a los dieciséis años. En el formulario de entrada, el político escribiría su nombre como "Ulysses S. Grant" en lugar de su verdadero nombre Hiram. Cuando intentó

---

[35] Stokesbury, James L. *Una Breve Historia de la Guerra Civil*. New York, Harper Collins, 1995, 44.

reparar el error, se le informó que no podían cambiar los registros, por lo que el nombre permaneció con él durante toda su vida.

Después de una deslucida carrera en West Point, la cual terminaría dentro de la mitad inferior de su clase, obtuvo su primera asignación. Aunque uno de sus únicos logros en la Academia había sido su habilidad para montar a caballo, no se lo designó en el cuerpo de caballería. Se lo designó en el 4to Regimiento de Infantería en las afueras de St. Louis, Misuri. No le importaba su nuevo puesto, aunque sintió cierta aversión hacia los militares después de su desempeño mediocre en la academia. Estaba esperando el final de su período de cuatro años de servicio para poder regresar a la vida civil.

Después de demostrar valentía y habilidad en la guerra mexicana-estadounidense, Grant regresó a la vida civil, trabajando en la curtiembre de su padre hasta que se lanzaron los primeros disparos de la guerra civil en Fort Sumter. El presidente Lincoln llamó a 75.000 tropas para poner fin a la insurrección del Sur. Grant tuvo un renovado sentido de patriotismo y se ofreció como voluntario. Debido a su experiencia militar previa, comenzó a entrenar a los otros voluntarios mientras esperaba su nueva designación oficial en el Ejército de los Estados Unidos.

Robert E. Lee

Hijo del Gobernador de Virginia y su esposa nació el 19 de enero de 1807, al igual que su padre, la vida de Lee comenzaría con el aire de aristocracia y privilegio que se otorgaba habitualmente a los propietarios de grandes plantaciones. Sin embargo, la vida se volvió rápidamente amarga para el joven Lee cuando su padre fue llevado prisión por deudas. Lee mismo fue enviado a West Point y destinado a una vida en el ejército.

En una imagen casi opuesta a la carrera de Ulysses S. Grant en West Point, Lee sobresalió en el nivel más alto de educación del Ejército. Terminó segundo en una clase de 45 y no tuvo ningún fracaso durante toda su estancia en la prestigiosa institución de aprendizaje. En ese momento, los dos oficiales de rango superior en West Point estaban basados en el Cuerpo de Ingenieros del Ejército, por lo que el plan de estudios se centraba en estudios relevantes para el campo de la ingeniería. Por lo tanto, con la mayoría de su educación formal basada en ingeniería, Lee comenzaría su carrera militar ayudando a construir fuertes en Georgia y Virginia. Incluso supervisaría la construcción del puerto en St. Louis.

Al igual que Grant, Lee tuvo su primera acción militar durante la guerra mexicana-estadounidense. Trabajando como oficial de reconocimiento, recibió muchas menciones por su trabajo y valentía durante la marcha a la Ciudad de México. Después de la guerra, aceptó a regañadientes el puesto de Superintendente de la Academia Militar en West Point. Creía que sus condiciones podrían utilizarse mejor que tratar de mejorar la infraestructura y los cursos de la institución, pero completó su trabajo con orgullo y eficiencia.

Lee tuvo que hacer un paréntesis de dos años en el ejército a partir de 1857 cuando falleciera su suegro. Al igual que su padre, el suegro de Lee era propietario de una gran plantación en Mississippi. También como su padre, se manejaba muy mal con el dinero y al momento de su muerte sus negocios financieros estaban en desorden total. Después de los intentos fallidos de encontrar a alguien que se encargara por él de manejar sus propiedades heredadas, Lee tuvo que ir a Mississippi para ejecutar el testamento él mismo.

En el testamento de su difunto suegro, quería que sus esclavos fueran emancipados dentro de los cinco años de su muerte. La plantación era enorme. Tenía extensos acres de tierra mantenidos por los esclavos que su suegro quería liberar. Junto con la extensión de la superficie, había enormes deudas en las que su suegro había incurrido mientras administraba mal su plantación. No había forma de que Lee permitiera que se regalara tanta "propiedad" de la plantación por nada.

A su llegada, Lee fue recibido por varios esclavos que habían oído hablar de la voluntad de su antiguo dueño y ya no querían trabajar en la plantación. Cuando se enfrentaron, los esclavos le dijeron que eran tan libres como Lee y huyeron de la plantación. Lee los rastreó y los llevó ante la justicia de plantación. Le ordenó al capataz que castigara a los hombres con 50 latigazos y a las mujeres con 20 latigazos. El supervisor no azotaría a las mujeres, por lo que Lee hizo que trajeran al alguacil para terminar el trabajo. Lee regresó al servicio después de su licencia y continuó su carrera.

La primera prueba de Lee de la guerra civil fue en uno de sus puntos más cruciales. Durante la incursión de John Brown al arsenal de Harpers Ferry, se le ordenó a Lee que retomara las instalaciones. Al llegar, Lee descubrió que la guarnición de Harpers Ferry había rodeado a Brown y sus insurgentes dentro del edificio. Después de una breve batalla, Lee capturó a Brown y puso fin a su rebelión.

Lee había estado estacionado en Texas antes de que ese estado se separara de la Unión. Lee inicialmente no creía en la secesión de los estados y regresó a Washington DC para recibir otro encargo. Sin embargo, el 20 de abril de 1861, Lee entregó su carta de renuncia a sus comandantes porque no podía levantar las armas contra su estado natal de Virginia; posteriormente se uniría al Ejército de la Confederación.

William Tecumseh Sherman

Nació el 8 de febrero de 1820 en Lancaster, Ohio, hijo de un juez de la Corte Suprema del estado y su esposa, Sherman tuvo una vida de oportunidades a pesar de tener que sortear grandes obstáculos muy temprano en su vida. Cuando tenía nueve años, su padre moriría repentinamente sin dejar herencia a su madre para criarlo a él y a sus diez hermanos. Afortunadamente, un vecino que estaba en la Cámara de Representantes asumió el trabajo de criar al joven Sherman y lo introdujo en los canales adecuados para tener éxito en la vida.

Cuando Sherman tenía 16 años, su benefactor pudo usar sus contactos para conseguirle un lugar a Sherman como cadete en la Academia Militar de los Estados Unidos en West Point. En West Point se destacó académicamente, pero parte de las rigideces de la disciplina militar que requería el ejército no era del agrado de Sherman. No veía la necesidad de tener siempre un uniforme recién planchado, los zapatos brillantes como un espejo, o por qué uno tenía que chocar los talones a el llamado de atención, ponerse en posición de firme y saludar adecuadamente cuando era necesario. Él mismo estimó que había reunido al menos 150 deméritos por semestre en la Academia, y acumuló tantos que perdió su posición como uno de los cinco mejores graduados de su clase.

Después de graduarse, Sherman recibió la orden de presentarse en un regimiento de artillería en Florida. Mientras estuvo allí, luchó contra la tribu india seminola por el control del estado peninsular. Después de que el levantamiento de los seminolas fuera aplastado, Sherman comenzó una carrera administrativa en el Ejército. Abordó un barco militar y navegó alrededor del cabo de Hornos en camino hacia la inestable expansión occidental de California.

Mientras que la mayoría de su clase de West Point estaba ocupada peleando en la guerra entre México y Estados Unidos, Sherman comenzó a reconocer y especular con las tierras justo antes de la fiebre del oro que pronto llegaría al estado de California. Incluso reconocería y especularía con los terrenos que se convertirían en la capital del estado, Sacramento.

En 1853, el recién casado Sherman renunció a su comisión y comenzó a trabajar con una empresa bancaria en San Francisco con sede en Misuri. El estrés del clima de negocios en el Área de la Bahía le estaban provocando ataques de ansiedad en Sherman, los que finalmente afectarían su salud. Más adelante en la vida, diría que era más fácil conducir hombres a la batalla que hacer negocios en San Francisco.

Sherman regresó a la vida militar cuando lo designaron superintendente de una escuela militar en Luisiana que luego se convertiría en Universidad Estatal de Luisiana. Sin embargo, a medida que crecía la lista de estados que abandonaban la Unión, Sherman decidió ir a Washington para tratar de recuperar su posición en el

Ejército. Durante la semana de la inauguración de las sesiones del Congreso, el alegato de Sherman sobre la falta de preparación del Ejército de la Unión no captó la atención de Lincoln. Frustrado, asumió el puesto de presidente de una compañía de tranvías en St. Louis.

En este cargo estaría durante unos pocos meses antes de que se dispararan los primeros tiros sobre Fort Sumter. Después de su discusión con el presidente, Sherman dudaba en unirse al Ejército de la Unión. Sin embargo, finalmente ganaría su amor por el país y aceptó un cargo el 7 de junio de 1861.

Thomas "Muro de Piedra" Jackson

Jackson nació el 21 de enero de 1824, en lo que ahora es el estado de Virginia Occidental. Sin embargo, no se conoce la ubicación exacta. Tanto Clarksburg como Parkersburg afirman ser el lugar de nacimiento de esta leyenda de la guerra civil. A Cuando la fiebre tifoidea se extendía por la zona, el padre y la hermana de Jackson la contrajeron y murieron a causa de la enfermedad. Cuando Jackson tenía nueve años, su madre se volvió a casar y dio a luz a un medio hermano. Sin embargo, su madre también se enfermó y murió, dejándolos huérfanos a él y a su hermana.

Junto con su hermana se mudó a Jackson Mill, donde trabajó en el molino de su tío. Durante un tiempo viviría en Clarksburg con una tía abusiva, obviamente no le gustó a Jackson. Un año después, regresaría a Jackson Mill, donde pasaría los siguientes seis años con su tío.

En 1842, Jackson fue aceptado en la Academia Militar de los Estados Unidos en West Point. Debido a su crianza inestable, carecía de la formación académica formal que habían recibido los otros cadetes en su infancia. Sin embargo, la terquedad y la ética de trabajo por la que se haría famoso comenzaron a brillar. Incluso después de comenzar casi con los peores de la clase, se graduó con el puesto 17 de 59.

Después de su graduación, Jackson se unió a un regimiento de artillería que luchaba en la guerra mexicana-estadounidense. Su personalidad lo llevó a la vanguardia durante las batallas de la guerra Desobedecería órdenes del comando general si sentía que eran perjudiciales para sus tropas. Una vez se negó a retirarse cuando fue atrapado por un regimiento de artillería mexicano que lo había superado en armas. Sintió que serían más vulnerables al bombardeo si se detenían y se retiraban, por lo que rechazó la orden directa de hacerlo. El instinto de Jackson demostraría que estaba procediendo bien. Al no retirarse hizo que la artillería mexicana se centró en él mientras una brigada de soldados de infantería de los Estados Unidos cercó a los mexicanos y forzó su rendición.

En 1852, Jackson asumió el papel de educador al aceptar el puesto de Instructor de Artillería en el Instituto Militar de Virginia. Su falta de humor e hipocondría hicieron muy antipático entre los cadetes a los que enseñaba. Tenía la costumbre de memorizar cada clase que enseñaba y cada vez que un estudiante tenía una pregunta, simplemente repetía lo que se sabía de memoria.

Después de que Virginia se separara en 1861, Jackson comenzó a entrenar tropas para el Ejército de Virginia. Le dieron el mando de una brigada de infantería con base en Harpers Ferry. Estaba al mando de esta brigada cuando recibió su apodo ahora famoso, "Muro-de-piedra".

Durante la primera batalla de Bull Run, los soldados de la Unión estuvieron a punto de romper las filas de los Rebeldes. Los confederados se regocijaron cuando vieron a Jackson parado como un muro de piedra contra los agresores del norte.

Primera Batalla de Bull Run

La Unión tenía la intención de avanzar hacia Richmond, Virginia. Su movimiento dependía del ferrocarril para obtener más tropas y suministros. La ruta que debían tomar era a través del valle de Shenandoah, un caldo de cultivo para el sur, así como la ruta más natural hacia Richmond. El ejército confederado sabía que, si la Unión tomaba el cruce de Manassas, tendrían una manera fácil de canalizar el poder militar hacia el sur y la guerra se volvería rápidamente a favor del norte. El valle era un punto estratégico para que ambas partes se movieran para tomar las capitales del otro.

Liderando el ejército confederado estaba el general Beauregard, que se había convertido en un héroe para el Sur en Fort Sumter. Estaba superado y tenía pocos suministros, pero estaba decidido a mantenerse firme en Bull Run.

El 18 de julio de 1861, el ejército de la Unión de 35.000 soldados se movió al valle. Una brigada bajo el mando del general de brigada Daniel Tyler que entró al valle fue cortada por un ejército confederado que lo estaba esperando. Pudo retirarse, pero no sin pérdidas. Murieron 19 hombres y 64 resultaron heridos o desaparecidos.[36]

La Unión tendría que retirarse y encontrar una nueva estrategia. Finalmente, el 21 de julio de 1861, el ejército de la Unión atacó en Bull Run. Se encontraron con el Sur en el campo de batalla y, durante un tiempo, el ejército confederado los aplastó en Matthew Hill. A medida que el Sur avanzaba, se encontraron con un ejército abrumador de la Unión que finalmente utilizaría su número superior para aplastar a los confederados. A medida que el día avanzaba, los refuerzos del sur cubrieron los huecos y comenzaron a recuperarse, a pesar de que técnicamente todavía estaban en retirada. El punto de inflexión llegaría cuando el 33 regimiento de Virginia capturó las baterías cerca de Henry House Hill (Colina de la casa de los Henry). Las baterías se convirtieron en un punto crucial, y durante las siguientes horas, los dos ejércitos obtuvieron el control solo para perderlo nuevamente. A última hora de la tarde, el ejército de la

---

[36] Constable, George, editor. *Hermano contra Hermano: Libros de los Tiempos de Vida Historia de la Guerra Civil.* New York, Prentice Hall Press, 1990, 55.

Unión se vino abajo y las tropas comenzaron a retirarse, con el ejército confederado persiguiéndolo.[37]

La primera batalla de Bull Run se había convertido en una victoria confederada, fortaleciendo su resolución y reuniendo a más sureños a la que veían como una causa ganadora. Al final del día, la batalla había cobrado su precio en ambos lados cuando la Unión se iba con 470 muertos, 1071 heridos y 1793 capturados o desaparecidos. A la Confederación la había ido un poco mejor con 387 muertos, 1582 heridos y 13 desaparecidos.[38]

Ninguna de las partes había logrado una victoria abrumadora, pero los Estados Confederados la vieron como un gran golpe para la Unión. Cada bando había sufrido pérdidas más grandes de lo que habían imaginado. El Sur, mientras seguía ganando, había pagado un alto costo por retener Bull Run. Tenían que encontrar una manera de debilitar a la Unión. La Unión tenía que encontrar una manera de usar su superioridad en número para hacer retroceder al Sur y moverse a Richmond. El Norte decidió que un bloqueo debilitaría la economía del Sur. El sur vería el bloqueo como una oportunidad. La Confederación envalentonada llevaría su guerra al mar.

El Monitor contra el Merrimac

La guerra volvió a Virginia, esta vez en la costa. La Marina de los Estados Unidos había impuesto un bloqueo a los puertos del Sur aislando más de 3 millas de costa para la importación y exportación. Sabiendo que el bloqueo limitaría severamente la capacidad del Sur para obtener recursos y exportar sus bienes, los confederados tomaron la fragata hundida USS Merrimac que había sido capturada

---

[37] Constable, George, editor. *Hermano contra Hermano: Libros de los Tiempos de Vida Historia de la Guerra Civil.* New York, Prentice Hall Press, 1990, 59.

[38] Constable, George, editor. *Hermano contra Hermano: Libros de los Tiempos de Vida Historia de la Guerra Civil.* New York, Prentice Hall Press, 1990, 59.

durante la incursión en Gosport Naval Yard, la blindaron y la convirtieron en el CSS Virginia.[39]

El Sur hizo uso de los suministros que tenían a lo largo de la costa. Para defender sus puertos, los confederados utilizarían minas, que eran cargas explosivas ancladas a lo largo de los canales de embarque. También inventarían torpedos tomando explosivos y uniéndolos a un poste largo y uniendo el poste a un buque no blindado que embestirían la nave enemiga con el torpedo, y el torpedo explotaría, causando daños.

Los confederados intentaron muchas incursiones como esta con el CSS Hunley siendo la más famosa la del 17 de febrero de 1864. El CSS Hunley, un sumergible accionado por ocho hombres embistió al USS Housatonic y lo hundió en el puerto. Si bien el golpe fue importante, toda la tripulación del Hunley pereció en el acto.[40]

El Merrimack, ahora bajo control de la Confederación, atacó a los buques de la Unión, destruyendo el USS Congress y el USS Cumberland antes enfrentarse al acorazado Unión, el USS Monitor. El USS Monitor había sido enviado para proteger a la fragata USS Minnesota de seguir el mismo destino que los otros buques de la Unión. El USS Monitor era el acorazado guardián de la Unión. El encuentro de los dos acorazados estaba en marcha frente a la costa de Virginia.

El 9 de marzo de 1862, los dos acorazados fueron a la batalla frente a la costa de Hampton Roads (o área metropolitana de Virginia), disparándose el uno al otro desde unos pocos metros hasta una media milla. Las dos naves se rodearon durante horas disparando cañonazos tras cañonazos que intentaban inutilizar al otro. Durante cuatro horas, las dos naves se batieron, buscándose los puntos débiles.

---

[39] Katcher, Philip. *La Guerra Civil Día a Día*. St. Paul, El Grupo de Referencia Brown, 2007, 29.

[40] Katcher, Philip. *La Guerra Civil Día a Día*. St. Paul, El Grupo de Referencia Brown, 2007, 29.

Finalmente, las dos naves acordaron llamar a la batalla un empate. Si bien la batalla de estos formidables acorazados se consideró un estancamiento, el ejército de la Unión había ganado una victoria estratégica, ya que no perdieron otros buques de madera más que el ya agonizante Merrimack. El efecto psicológico de la victoria sobre la armada confederada fue enorme.[41]

Esta batalla cambiaría la forma en que se libraría la guerra en el mar. Las lecciones del conflicto y de ese enfrentamiento habían empujado a la Unión a atacar a las ciudades costeras del sur, cerrando el comercio y manteniendo a las tropas confederadas a la defensiva, distrayéndolas para que no avanzaran hacia el norte. Esta táctica de la Unión les permitió mantener a más tropas bajo asedio y lejos de batallas más grandes que, con los generales del ejército confederado liderándolas, podrían convertir muchos enfrentamientos futuros a favor de la Confederación. La capacidad de la marina de la Unión para mantener la situación estancada y empantanar a las tropas costeras sería una ventaja que no se puede pasar por alto.

---

[41] Eicher, David J. *La Noche Más Larga: Una Historia Militar de la Guerra Civil.* New York, Simon y Schuster, 2001, 197.

Capítulo 5 - Días Sangrientos
Batalla de Shiloh

Lo peor de la guerra estaba por llegar. Los ejércitos de la Unión, comandados por Ulysses S. Grant, y los ejércitos del Sur, comandados por Johnston y Beauregard, el héroe de Sumter, se enfrentaron el 6 de abril de 1862 en Shiloh, Tennessee. Los dos ejércitos acamparon a solo millas de distancia el uno del otro en el valle de Shiloh, de forma triangular, de 15 millas por 17 millas.[42]

Grant no confiaba en su estrategia. Él y sus oficiales no habían ideado un plan defensivo y no habían logrado enviar exploradores en busca de ataques inminentes del ejército confederado. Johnston y Beauregard lograron colarse en el flanco de la Unión. Los confederados se alzaron aprovechando oscuridad de la mañana, y desde las líneas confederadas volaron descargas de artillería.

Mientras la Unión se retiraba, los confederados buscaron mantener la presión. El enfrentamiento resultante confundió tanto a

---

[42] Constable, George, editor. *Hermano contra Hermano: Libros de los Tiempos de Vida Historia de la Guerra Civil.* New York, Prentice Hall Press, 1990, 79.

los soldados de la Unión como a los confederados cuando chocaron a media mañana. El ejército confederado barrió con las desorientadas líneas de la Unión, las que se quedaron tratando de pergeñar algún tipo de medida defensiva.

Grant intentó reunir a las tropas. Envió a algunos de sus hombres a los puntos débiles de la línea confederada y se preparó para una acción prolongada. Los confederados avanzaron, bombardeando las líneas de la Unión. A medida que invadían los campamentos de la Unión, el ejército confederado comenzó a flaquear. Las tropas confederadas dejaron de avanzar y comenzaron a buscarlos en los campamentos de la Unión. La Unión retiró a las tropas para mantener una línea infranqueable, infligiendo grandes bajas a las fuerzas Confederadas atacantes.

El ejército confederado se movió para atacar por los flancos al ejército de la Unión. Durante este encuentro, el general confederado Johnston fue muerto en acción, confundiendo a las tropas confederadas, pero Beauregard asumió el mando y avanzó con las fuerzas de la Confederación. Al mediodía, el ejército de la Unión se había retirado hacia el río Savannah, dejando tropas para proteger un área llamada Nido de Abejas. A medida que avanzaba el día, las probabilidades estaban en contra de los soldados de la Unión en esa posición. Fueron llamados a retirarse y, a pesar de intentar huir, esa misma tarde un grupo de 2.200 hombres se vieron obligados a rendirse ante las fuerzas confederadas.[43]

Grant retrocedió y armó una línea de soldados conocida como "la última línea de Grant". La línea de 4.000 hombres y cincuenta cañones de Grant se preparó para el ataque del ejército confederado. Las fuerzas Confederadas atacaron la posición de la Unión con 200 hombres, solo para ser reducidas cuando se acercaban a la línea.

---

[43] Eicher, David J. *La Noche Más Larga: Una Historia Militar de la Guerra Civil.* New York, Simon y Schuster, 2001, 228.

Cuando caía el sol, los dos ejércitos se retiraron y se instalaron para una larga noche lluviosa.[44]

Durante la noche llegaron 25.000 nuevas tropas de la Unión para reforzar al ejército de Grant.[45] El ejército de la Unión se preparó para hacer retroceder las líneas confederadas, y para las 10 de la mañana, toda la fuerza de la Unión estaba sobre la Confederación. Toda la línea de la Unión estalló con fuego de los mosquetes de los soldados mientras marchaban hacia las fuerzas confederadas. A media tarde, Beauregard se la vio venir y pidió la retirada de las fuerzas confederadas. Las pérdidas de las fuerzas confederadas fueron enormes en Shiloh, 1728 muertos, 8012 heridos y 955 desaparecidos, con una pérdida total de 10.694. Shiloh se convertiría en la batalla más grande que se librara en suelo estadounidense. Las pérdidas de Unión también fueron considerables, 1754 muertos, 8408 heridos y 2885 desaparecidos, con una pérdida total de 13.047 soldados.[46]

Shiloh dañó psicológicamente a ambos bandos, cobrándose un alto costo emocional. A medida que los confederados se retiraban y la Unión se dirigía hacia el sur más al sur, los soldados vieron montones de muertos esparcidos por el campo de batalla por donde marchaban. Grant había ganado una victoria, pero a un alto costo.

---

[44] Eicher, David J. *La Noche Más Larga: Una Historia Militar de la Guerra Civil.* New York, Simon y Schuster, 2001, 228-229.

[45] Stokesbury, James L. *Una Breve Historia de la Guerra Civil.* New York, Harper Collins, 1995, 72.

[46] Eicher, David J. *La Noche Más Larga: Una Historia Militar de la Guerra Civil.* New York, Simon y Schuster, 2001, 230-231.

La Campaña de los Siete Días

En las afueras de Richmond, Virginia, el general Lee del ejército confederado se alistaba para un avance de la Unión. Con un ejército de más de 50.000 hombres, se preparó para enfrentar un ejército de la Unión avanzando con más de 100.000.[47] Mientras esperaba que llegaran las tropas de la Unión, Lee utilizaría su tiempo de inactividad sabiamente, procurando comida y nuevos uniformes para sus tropas. Haría hincapié en la disciplina y predicó la sobriedad entre su ejército.

Lee envió exploradores para verificar si se aproximaba el ejército bajo McClellan. Detuvo a Muro-de-Piedra Jackson y los dos planearon un asalto total que comenzaría el 26 de junio. Mientras hacía avanzar a su ejército, llegaron Muro-de-Piedra Jackson y sus fuerzas, supuestamente para ayudar en la embestida contra el ejército de la Unión atrincherado. En cambio, Jackson hizo que su ejército armara un campamento y descansara. El ímpetu adquirido al principio se detuvo por completo.[48]

No obstante, Lee siguió avanzando y en Mechanicsville, sufriría muchas bajas. Las pérdidas del ejército confederado totalizaron 1484 hombres muertos o heridos, mientras que la Unión solo perdió 361 soldados.[49] Durante la noche, McClellan reforzó su flanco sabiendo que el ejército de Muro-de-Piedra Jackson se movería a la mañana siguiente.

---

[47] Constable, George, editor. *Hermano contra Hermano: Libros de los Tiempos de Vida Historia de la Guerra Civil.* New York, Prentice Hall Press, 1990, 118.

[48] Stokesbury, James L. *Una Breve Historia de la Guerra Civil.* New York, Harper Collins, 1995, 91.

[49] Constable, George, editor. *Hermano contra Hermano: Libros de los Tiempos de Vida Historia de la Guerra Civil.* New York, Prentice Hall Press, 1990, 120.

El 27 de junio, Lee avanzó hacia los campamentos de la Unión establecidos, solo para encontrar que los habían vaciados durante la noche. Las fuerzas confederadas persiguieron a la Unión hasta el Molino de Gaines, donde procedieron a lanzar las fuerzas sobre las filas de la Unión. La línea de la Unión resistió y mantuvo a raya al ejército confederado que avanzaba. Enseguida llegó el ejército de Jackson y juntos atacaron la línea de la Unión logrando romperla. La línea de la Unión comenzó a desmoronarse y los generales confederados pudieron ver un atisbo de victoria.

En plena retirada, el ejército de la Unión bajo McClellan abandonó sus atrincheramientos en las afueras de Richmond y cruzó el río. Lee, sintiendo que algo se estaba tramando, reunió a sus tropas y las de Jackson para atacar el frente y la retaguardia del ejército de la Unión.

El 29 de junio, los dos ejércitos se movilizaron para converger sobre las fuerzas de la Unión que huían. Sin embargo, el ejército de Jackson tuvo problemas en el Puente de Grapevine y se pasó el día reconstruyéndolo para cruzarlo. El ejército de la Unión se alejó serpenteando y la línea de 16 kilómetros se extendió tanto que se volvieron vulnerables al ataque confederado. El ejército de Jackson podía venir del norte y el de Lee del oeste, dejando al ejército de la Unión indefenso. La victoria no habría de ser fácil.

En lugar de que Jackson se dirigiera a aislar la Unión del Norte, optó por terminar la construcción del puente y luego procedió a reunir a los rezagados de la Unión. Se había desperdiciado una gran oportunidad.[50]

Lee continuó haciendo avanzar a su ejército. Llevó a sus tropas hacia Glendale y trató de eliminar una brigada de la Unión que custodiaba un tren de suministros. Con 18.000 hombres atacó a la

---

[50] Constable, George, editor. *Hermano contra Hermano: Libros de los Tiempos de Vida Historia de la Guerra Civil.* New York, Prentice Hall Press, 1990, 121.

brigada de la Unión, y mientras avanzaba, la Unión montó un contraataque, deteniendo el avance confederado. Cuando se acercó la noche, la cesaría lucha entre los dos ejércitos, y se contaron las pérdidas del día. Lee y los confederados habían perdido 3300 hombres, frente a los 2853 de la Unión.[51]

Al día siguiente, Lee avanzó al sur de Glendale hacia Malvern Hill. En lo alto de la colina estaba el regimiento artillería de la Unión de 250 hombres, que Lee bombardeó durante horas. Mientras continuaba el bombardeo, avanzaba con su ejército contra las tropas de la Unión en Malvern Hill. Las tropas confederadas treparon por una pendiente de 800 yardas mientras los cañones de la Unión abrían huecos en las olas confederadas que avanzaban. Por la noche, la batalla de los Siete Días había terminado. Los confederados habían detenido el avance de la Unión hacia Richmond y la Unión había tomado lo que quedaba de su ejército para retirarse al norte.[52]

La campaña les costaría muchas vidas a ambos bandos y no haría nada más que revitalizar el relato de los confederados de que podían derrotar a la Unión. Al final de la campaña, la Unión había sufrido la pérdida de 15.849 soldados mientras la Confederación había recibido un duro golpe con la pérdida de 20.141 soldados.[53]

---

[51] Constable, George, editor. *Hermano contra Hermano: Libros de los Tiempos de Vida Historia de la Guerra Civil.* New York, Prentice Hall Press, 1990, 122.

[52] Stokesbury, James L. *Una Breve Historia de la Guerra Civil.* New York, Harper Collins, 1995, 92.

[53] Brash, Sarah, editor. *La Historia de Estados Unidos: Guerra entre Hermanos.* Richmond, Time Life, 1996, 181.

Segunda Batalla de Bull Run

En agosto de 1862, el comandante de la Unión decidió tomar nuevamente Manassas en Bull Run. Con un nuevo ejército de Virginia y el ejército de El Potomac, con la Confederación habiendo rechazado a la Unión durante la Campaña de los Siete Días, la Unión necesitaba una victoria. Tuvieron una oportunidad cuando el ejército del general Lee estaba rodeado por un lado por el ejército de McClellan con el nuevo comandante de la Unión, John Pope, llevando a su ejército a enfrentarse.

Lee utilizó la estrategia de lanzar su ejército sobre Pope y separar sus fuerzas, enviando a la mitad con Muro de Piedra Jackson y dejando a la mitad para proteger a Richmond, la preciada capital de la Confederación. Jackson y su ejército avanzaron hacia Pope y los hicieron retroceder a Cedar Mountain (Montaña del Cedro), haciendo más lento su movimiento y obligándolos a esperar a que McClellan viniera a reforzar el ejército de Pope. Sabiendo que McClellan estaba en camino, Lee volvió a dividir sus fuerzas y atacó al reducido ejército de Pope.

Para el 26 de agosto, el ejército confederado había cortado la línea de suministro de Pope desde Washington, tomando y destruyendo un depósito de suministros de la Unión en Manassas Junction, dejando a la Unión atrapada en Bull Run. Lee unió su ejército con el de Jackson y se enfrentaron con Pope una vez más en el campo de batalla de Bull Run. Jackson y su ejército se refugiaron en una estación de ferrocarril sin terminar, y mantuvieron los dos frentes porque Pope no pudo coordinar los ataques.[54]

El 30 de agosto de 1862, las tropas de Jackson hicieron retroceder al ejército de la Unión, manteniendo nuevamente el frente confederado. Cuando avanzaba el día, llegaron refuerzos

---

[54] Stokesbury, James L. *Una Breve Historia de la Guerra Civil.* New York, Harper Collins, 1995, 95.

confederados que hicieron retroceder nuevamente al ejército de la Unión a la Colina Henry, donde los confederados habían librado su última batalla casi un año antes. La Unión retuvo la colina durante la noche y, al amparo de la oscuridad, Pope ordenó la retirada de gran parte de su ejército.

Por la mañana, la Unión prácticamente se había ido, y Jackson los hizo retroceder del valle hacia Washington, donde se retiraron detrás de las defensas de la capital de la Unión. La segunda batalla de Bull Run sería un éxito para los confederados. La Unión sufrió una pérdida de 14.462 hombres mientras que los confederados perdieron solo 9.474.[55]

Con el ejército de la Unión obligado a retroceder a Washington, el general Lee no tenía forma de atacar. Las fortificaciones alrededor de la capital de la Unión eran demasiado sólidas, y la Unión tenía más tropas, dándole al menos una ventaja de dos a uno sobre la Confederación. Sabiendo que este podría ser el ataque que la Confederación necesitaba para ganar la guerra, Lee decidió avanzar hacia el norte hacia Maryland.[56]

---

[55] Constable, George, editor. *Hermano contra Hermano: Libros de los Tiempos de Vida Historia de la Guerra Civil.* New York, Prentice Hall Press, 1990, 136.

[56] Stokesbury, James L. *Una Historia Concisa de la Guerra Civil.* New York, Harper Collins, 1995, 96.

El Avance al Norte

Mientras Lee avanzaba hacia el norte, recibiría un refuerzo de 2000 nuevos soldados. Cuando llegó a Maryland, su ejército sumaba 50.000.[57] Luego Lee separó su ejército en cuatro regimientos y los envió a Harpers Ferry, Potomac y Shenandoah para reforzar las líneas de suministro. La carrera hacia el Norte estaba en marcha.

El Norte ahora tenía que enfrentarse a la amenaza Confederada que avanzaba hacia a Maryland. Con Lee avanzando hacia el norte, la Unión no tenía forma de conocer sus planes. Sin embargo, el 13 de septiembre de 1862, dos soldados de la Unión encontraron en el suelo tres cigarros envueltos.[58] Enrollada a los cigarros estaban las órdenes que Lee había enviado a sus comandantes para separarlos en cuatro direcciones. Le dieron las órdenes a McClellan, y la Unión ahora tenía un as bajo la manga.

McClellan avanzó para adelantarse al ejército dividido de Lee y aplastarlo en Sharpsburg, Virginia, y enfrentarlo en la zona cerca de Antietam Creek. El movimiento de McClellan hizo que cambiaran las posiciones. En lugar de estar a la defensiva, la Unión intentó hacer retroceder a los confederados al sur y mantener una barrera entre ellos y Washington. Cualquier incursión sobre Virginia pondría a la Unión en una posición riesgosa.

---

[57] Constable, George, editor. *Hermano contra Hermano: Libros de los Tiempos de Vida Historia de la Guerra Civil.* New York, Prentice Hall Press, 1990, 137.

[58] Eicher, David J. *La Noche Más Larga: Una Historia Militar de la Guerra Civil.* New York, Simon y Schuster, 2001, 340.

Antietam

El 17 de septiembre, el ejército de la Unión se aproximó a los ejércitos de Lee y Jackson en Antietam. En medio de las descargas de los cañones de ambos lados, el ejército de la Unión avanzó a través del campo hacia una plantación de maíz llena de soldados de la Confederación. En medio de las plantas de maíz, los soldados se enfrentaron en una feroz lucha a ciegas que se prolongaría durante toda la mañana.[59]

En la plantación de maíz una brigada de soldados confederados sufrió bajas del cincuenta por ciento. La Unión y la Confederación lucharon en la plantación de maíz a quemarropa haciendo retroceder uno al otro quince veces cubriendo las plantas de maíz con sangre.[60]

Los Federales avanzaron por el campo y entraron en la pica, que el ejército confederado había reforzado. Cuando la Unión avanzaba hacia el frente confederado, fueron recibidos por una unidad de Georgia que los estaba esperando y les disparaba a medida que se acercaban. La Unión siguió avanzando y los confederados retrocedieron.

El ejército de Jackson había estado comiendo y descansaba en preparación para una batalla posterior. Sin embargo, el ejército de la Unión que se acercaba los despertó enfurecidos por haber interrumpido su comida, la primera que habían recibido en días. La división de 2300 hombres se abalanzó sobre el frente de la Unión y

---

[59] Constable, George, editor. *Hermano contra Hermano: Libros de los Tiempos de Vida Historia de la Guerra Civil.* New York, Prentice Hall Press, 1990, 143.

[60] Constable, George, editor. *Hermano contra Hermano: Libros de los Tiempos de Vida Historia de la Guerra Civil.* New York, Prentice Hall Press, 1990, 142-143.

los hizo retroceder hasta la plantación de maíz, salvando la mañana para los confederados.[61]

La división Confederada se enfrentó a nuevas tropas de la Unión que los hizo retroceder a través de la pica al bosque. Sufrieron muchas bajas, y la Unión sobrepasó su posición anterior y luchó a través del valle. A las 9 de la mañana, las bajas en ambos lados se habían vuelto sobrecogedoras, con más de 8000 muertos en promedio de ambos lados.[62]

Mientras el ejército de la Unión avanzaba, se enfrentaron cuerpo a cuerpo con el enemigo. El 15 regimiento de Massachusetts estaba tan abarrotado con soldados de ambos bandos que terminaron recibiendo fuego de la Unión y del ejército confederado, lo que provocaría la pérdida de 344 hombres de ambos lados.[63]

El ejército confederado retrocedió hasta una colina a una trinchera que habían reforzado con rifles en previsión de la carga de la Unión. El ejército aguardaba mientras los soldados de la Unión aparecieron en una cresta a solo 100 metros de distancia. Cuando empezaron a descender por la pendiente, los fusileros confederados de la trinchera abrieron fuego sobre ellos sacando a toda la línea del frente del ejército de la Unión. A medida que más y más soldados de la Unión aparecían en la línea del frente eran derribados, lo que le dio al área el apodo de Camino Sangriento.

---

[61] Eicher, David J. *La Noche Más Larga: Una Historia Militar de la Guerra Civil.* New York, Simon and Schuster, 2001, 353.

[62] Constable, George, editor. *Hermano contra Hermano: Libros de los Tiempos de Vida Historia de la Guerra Civil.* New York, Prentice Hall Press, 1990, 146.

[63] Constable, George, editor. *Hermano contra Hermano: Libros de los Tiempos de Vida Historia de la Guerra Civil.* New York, Prentice Hall Press, 1990, 147.

Los confederados, que estaban siendo perseguidos por el ejército de la Unión, se retiraron a un huerto con el enemigo pisándoles los talones. La Unión los persiguió y redujo a más tropas confederadas.

Más adelante en el día, la Unión logró cruzar el puente de Sharpsburg, haciendo retroceder a los confederados. Lee había enviado refuerzos que marchaban desde Harpers Ferry para repeler el avance de la Unión. A medida que avanzaba el ejército de la Unión, sus líneas se debilitaban.

El ejército que llegaba de Harpers Ferry avanzó hacia ellos abriendo una brecha en el frente de la Unión, cortando rápidamente a sus soldados. A los pocos minutos de la llegada de los confederados de Harpers Ferry, la Unión fue obligada a retroceder través del maizal, perdiendo gran parte del terreno que había ganado al principio del día. La Unión se había retirado y la batalla de Antietam había terminado. La pérdida de vidas de ambos lados era abrumadora. La Unión tuvo 2108 muertos, 9549 heridos y 753 desaparecidos, sobre un total de 12.410 perdidos en la batalla. A los confederados solo les fue un poco mejor, con 1546 muertos, 7752 heridos y 1018 desaparecidos.[64]

Con grandes pérdidas de ambos lados, cada uno se retiró para lamer sus heridas. La Unión se quedó fuera de Sharpsburg, pero habían perdido todo el terreno que habían ganado. Lee y los confederados se retiraron al otro lado del río y volvieron a Virginia. La guerra había llegado a un estancamiento.

---

[64] Constable, George, editor. *Hermano contra Hermano: Libros de los Tiempos de Vida Historia de la Guerra Civil.* New York, Prentice Hall Press, 1990, 150.

Capítulo 6 - Proclamando la Libertad

Emancipación Preliminar

El 12 de septiembre, solo cinco días después de Antietam, el presidente Lincoln tuvo una reunión de gabinete. Les había presentado el primer borrador de la Proclamación de Emancipación en julio de 1862. Antes de la batalla de Antietam, Lincoln había hecho una promesa a "mí y a mi Hacedor" de que, si la Confederación fuera expulsada de Maryland, él emitiría la proclamación.[65] Después de la retirada de Lee a Virginia, Lincoln planeó cumplir su promesa.

El 22 de septiembre de 1862, Lincoln publicó la versión preliminar de La Proclamación de Emancipación. Al emitir dicho documento, aun de manera preliminar, sabía que podía quitarle algo de la fuerza al Sur dándoles un incentivo a los esclavos para que se escaparan. Esto les proporcionaría una distracción a la Confederación

---

[65] Constable, George, editor. *Hermano contra Hermano: Libros de los Tiempos de Vida Historia de la Guerra Civil.* New York, Prentice Hall Press, 1990, 150.

y debilitaría su estabilidad económica. Sin esclavos para el trabajo y con sus hombres luchando, la economía del Sur se debilitaría.

Lincoln unió al Partido Republicano para impulsar la abolición completa de la esclavitud y evitar cualquier interferencia militar por parte de Inglaterra o Francia. La Emancipación fue un corte en el Sur justo cuando estaban ganando terreno. Como había dicho en su primer discurso inaugural, sería la voluntad del pueblo y la Constitución lo que guiaría la toma de decisiones de Lincoln. Había esperado que los confederados recobraran el sentido y abandonaran lo que él consideraba una causa perdida. Con la Proclamación de Emancipación, la voluntad del pueblo de la Unión y la Constitución se impusieron a los confederados. Dependía únicamente de ellos si terminaban o no la guerra y regresaban a la Unión.

Fredericksburg

Dos meses después de Antietam, la Unión y los confederados estaban en un mundo diferente. La Unión había perdido a McClellan, y el general Burnside había tomado el liderazgo del ejército de la Unión. Lee y el ejército confederado habían reorganizado y reabastecido a su ejército, los separaron en dos cuerpos y los pusieron al mando de Jackson y Longstreet. Lee estaba usando sus condiciones de liderazgo tanto como su ejército para hacer retroceder a la Unión.

Para noviembre, la Unión había decidido una vez más que necesitaban capturar Richmond y poner fin a la guerra. Burnside había decidido que avanzaría hacia Virginia y engañaría a Lee para que pensara que iba a tomar Gordonsville, y luego, en el último momento, atacaría a Fredericksburg. Burnside pretendía que el ataque fuera rápido e inesperado.

El plan de transportar suministros y tropas por medio barcos de vapor fracasaría y Burnside se retrasaría en lanzar el ataque. La demora permitiría a Lee reforzar Fredericksburg y, a finales de diciembre, todo el ejército de 85.000 hombres de Lee estaba defendiendo el área de Fredericksburg.[66]

Habiéndose retrasado lo suficiente, Burnside pidió a las cañoneras que apoyaran el ataque. Sin embargo, cuando se acercaron, la artillería confederada los hizo retroceder río abajo, fuera de su capacidad de apoyo. El 11 de diciembre, la Unión estaba preparada para invadir Fredericksburg, y cuando se disponían a cruzar el río Rappahannock en las primeras horas de la mañana, se encontraron en la orilla con disparos de francotiradores confederados.

La artillería de la Unión intentó reforzar las tropas que cruzaban el río y proteger a los ingenieros que intentaban construir un cruce. Después de una hora, los disparos de artillería disminuirían y los ingenieros volvieron a trabajar, solo para ser atacados una vez más por francotiradores confederados. Con los ingenieros inmovilizados y el ejército incapaz de moverse, el ejército de la Unión sacó 100 cañones y disparó 5000 rondas contra Fredericksburg.[67] Este ataque no disuadiría a los francotiradores en la orilla y, finalmente, la Unión se vio obligada a lanzar pontones de infantería a través del río para ganar las orillas y eliminar la amenaza. Mientras cruzaban, ellos también se encontraron con un fuerte fuego. Una vez que llegaron al otro lado, avanzaron y despejaron los puentes y las orillas, permitiendo que el resto del ejército avanzara. Con esta pequeña victoria, el ejército de la Unión pudo entrar en Fredericksburg y los confederados se vieron obligados a retirarse.

La Unión pasó el día siguiente cruzando el río sin obstrucciones y saqueando la ciudad de Fredericksburg. Los confederados bajo el mando de Lee se ubicaron en una posición defensiva, alineándose a lo largo de las vías del ferrocarril en las afueras de Fredericksburg.

---

[66] Eicher, David J. *La Noche Más Larga: Una Historia Militar de la Guerra Civil.* New York, Simon y Schuster, 2001, 396.

[67] Eicher, David J. *La Noche Más Larga: Una Historia Militar de la Guerra Civil.* New York, Simon and Schuster, 2001, 399.

Los confederados tenían una fuerte línea defensiva, excepto por una pequeña área boscosa entre dos puentes que el ejército de la Unión tenía que cruzar.

El 13 de diciembre, al amparo de la neblina matutina, la Unión avanzó hacia el oeste y el sur hacia el ejército confederado que los estaba esperando. A medida que la niebla se disipaba, el brillo de miles de bayonetas confederadas atravesó las llanuras. La Unión recibió disparos mientras cruzaban las llanuras y se estancó en su avance. Una vez que la Unión se hubo reagrupado, continuó su avance, solo para ser bombardeados por la artillería confederada que destrozaría sus filas.

La Unión avanzó a través de la brecha boscosa desprotegida y en las líneas confederadas. La confusión hizo que los confederados no dispararan contra los soldados de la Unión que avanzaban, quienes luego masacraron a los sureños cuando cayeron sobre ellos. La confusión llevó a la Unión a quebrar el frente confederado. Muy Pronto, los confederados atacaron sus flancos e intentaron hacer retroceder la ola de soldados de la Unión que se aproximaba, solo para tambalearse cuando s quedaron sin municiones y otras unidades retrocedieron dejando las líneas del frente sin apoyo. A medida que ambos ejércitos se retiraban para reagruparse, las bajas del día siguieron aumentando. La Unión había perdido 4.830 hombres, mientras que los confederados bajo el mando de Jackson perdieron 3.415.[68]

Al otro lado de Fredericksburg, se produjeron más combates con las tropas de Lee que mantenían las Alturas de Marye fuera de la ciudad. Los confederados habían tomado una posición detrás de un muro de piedra de cuatro pies de alto que les permitía disparar contra las tropas de la Unión que se aproximaban con poca o ninguna

---

[68] Constable, George, editor. *Hermano Contra Hermano: Libros de los Tiempos de Vida Historia de la Guerra Civil.* New York, Prentice Hall Press, 1990, 199.

exposición para devolver el fuego. El frente tenía una fuerza de 2000 hombres con refuerzos justo más allá de la cresta de más de 7000 tropas confederadas.[69] La artillería apoyaría a los confederados en las Alturas de Marye y cuando la Unión se vio obligada a marchar fuera de la ciudad a una llanura abierta, serían atacados mientras avanzaban penosamente por un fangoso farallón.

Tan pronto como emergieran en las llanuras, la Unión fue diezmada por la artillería; sin embargo, siguieron avanzando hacia el acantilado. Cuando llegaban a los últimos 125 metros de su marcha, los confederados detrás del muro lanzaron una ráfaga tras otra de fuego de rifles matando a cientos de soldados de la Unión.[70] Aun así, siguieron adelante, y algunos incluso llegaron al farallón, haciendo una pausa para disparar contra la posición Confederada y luego retrocediendo para recargar.

La Unión siguió avanzando y se encontró con disparos desde la cresta. Ningún soldado de la Unión logró llegar al muro de piedra y la Unión sufrió pérdidas aplastantes. El ejército de la Unión tendría 1284 muertos, 9600 heridos y 1769 desaparecidos. Los confederados 595 muertos, 4061 heridos y 1769 desaparecidos.[71] La Unión se vio obligada a retroceder y perdió su impulso para capturar Richmond.

---

[69] Constable, George, editor. *Hermano Contra Hermano: Libros de los Tiempos de Vida Historia de la Guerra Civil.* New York, Prentice Hall Press, 1990, 202.

[70] Eicher, David J. *La Noche Más Larga: Una Historia Militar de la Guerra Civil.* New York, Simon and Schuster, 2001, 404.

[71] Eicher, David J. *La Noche Más Larga: Una Historia Militar de la Guerra Civil.* New York, Simon and Schuster, 2001, 405.

Proclamación de la Emancipación

Después de emitir la Proclamación preliminar de Emancipación, se le dio a la Confederación la oportunidad de terminar la guerra para fines de 1862. Pero la oferta fue rechazada.[72] De modo que Lincoln se apresuró a hacer oficial la Proclamación de Emancipación. El 1 de enero de 1863, Lincoln puso en vigencia la Proclamación de Emancipación. La proclamación convertiría la guerra con el Sur no solo en una lucha para reunir a la Unión, sino también en una guerra por los derechos civiles para la liberación de los negros.

Con la guerra en un punto muerto y la Unión necesitando una victoria, Lincoln sabía que, al emitir la proclamación, el Sur tendría que lidiar con rebeliones e insurrecciones de esclavos. Los abolicionistas elogiaron el audaz movimiento de Lincoln, y Jefferson Davis de los Estados Confederados lo condenó.

La Unión ahora comenzó a reclutar soldados negros y a crear unidades negras que ayudarían a liberar esclavos en los estados del sur. Este empuje de Lincoln le dio a la Unión una victoria psicológica y eventualmente militar, ya que los reclutas negros acudieron en masa al ejército de la Unión. A finales de 1865, el ejército de la Unión tenía más de 180.000 tropas negras.[73]

Si bien la Proclamación de Emancipación no puso fin a la esclavitud, sí condujo a liberar y armar a los esclavos que se levantaron en ayuda de la Unión. Los ejércitos extranjeros que alguna vez podrían haber apoyado a los estados federados retrocedieron, no queriendo formar parte de una guerra que ahora tenía la intención de detener la esclavitud. La Proclamación de Emancipación hizo que los Estados Confederados recvaluaran su posición y contemplaran el

---

[72] Stokesbury, James L. *Una Breve Historia de la Guerra Civil*. New York, Harper Collins, 1995, 134.

[73] Katcher, Philip. *La Guerra Civil Día a Día*. St. Paul, El Grupo de Referencia Brown, 2007, 82.

futuro de la guerra. Con esta nueva amenaza a su estilo de vida, muchos se preguntaron cómo respondería la Confederación.

Expropiación y Reclutamiento Militar

A medida que avanzaba la guerra, el Sur se enfrentó a una escasez de suministros. Con la Unión bloqueando sus puertos, y la pérdida de esclavos debido a la Proclamación de Emancipación, los estados confederados se vieron obligados a emitir una ley de expropiación que daba a los oficiales del ejército el derecho a confiscar cualquier propiedad privada que los ayudara en la guerra. Si bien esto ya era un hecho común, esta amenaza verbalizada por el gobierno confederado haría que muchos se preocuparan por el futuro de la guerra y cuestionaran la legalidad y las implicaciones de tales movimientos.

Los gobernadores estatales autorizaron a oficiales a confiscar ganado, ropa, comida, caballos, hierro, esclavos e incluso hombres gratis para el servicio de la Confederación. La toma de dichos bienes usualmente significaría una pérdida total para el dueño de la propiedad. Además, la Confederación emitió un "impuesto en especie" del diez por ciento sobre los productos agrícolas, fomentando aún más la ira del Sur contra el gobierno.[74]

Si bien la Unión también contaba con una ley de este tipo, rara vez se utilizaría. Dado que la Unión tenía una economía fuerte, les permitía utilizar esas leyes con moderación. Por el contrario, la Confederación, estaba arruinada. Su moneda se devaluaba rápidamente y los costos de bienes y servicios se reembolsaban a una tasa obsoleta en lugar de competitiva. El deterioro de la economía confederada estaba agregando otra carga a los ya estresados estados del Sur.

Sin embargo, la Unión enfrentaría problemas aún mayores después que instituyera el reclutamiento militar. El reclutamiento

---

[74] Katcher, Philip. *La Guerra Civil Día a Día*. St. Paul, El Grupo de Referencia Brown, 2007, 84.

requería que todo hombre sirviera en el ejército a menos que pudiera proporcionar un sustituto o pagar al gobierno trescientos dólares. Estas disposiciones de la ley de levas llevaron a que muchos de los que eran pobres o no pudieron encontrar un sustituto se vieron empujados a la guerra. Muchas de estas personas eran inmigrantes y gente de la clase trabajadora que, en julio de 1863, después de que se publicaran los nombres de los reclutas en el periódico, marcharon por las calles, provocando disturbios, daños a la propiedad y linchamientos. El ejército de la Unión enviaría allí, soldados directamente del frente. Lamentablemente, cuando llegaron, mostraron poca simpatía por los manifestantes y abrieron fuego contra la turba. Esto provocaría la muerte de cientos de víctimas, pero terminaría con los disturbios.[75]

---

[75] Maus, Louis P. *La Guerra Civil: Una Historia Concisa.* New York, Oxford University Press, 2011, 56.

Capítulo 7 – La Guerra se Ve Sombría

La Unión y la Confederación resultaron heridas cuando la guerra se prolongaría un año más. En Mississippi, la Unión lideró una redada que alteró aún más el equilibrio en el Sur. Durante 16 días, el coronel Benjamín Grierson dirigiría unidades de caballería de la Unión desde Tennessee a Luisiana, matando a más de 100 soldados confederados, liberando a 500 soldados de la Unión y destruyendo cerca de 60 millas de vías férreas, así como 3000 armas almacenadas por los confederados.[76]

El uso de tales tácticas de guerrilla tenía la intención de hacer que la Confederación desviara sus fuerzas en busca de la caballería de la Unión, en lugar de avanzar hacia el norte. Al alejar a las fuerzas del frente y hacia un enemigo más pequeño y rápido, muchos de los recursos también se redirigieron lejos de las líneas del frente del ejército confederado. Grierson y su caballería fueron un movimiento estratégico que le dio a la Unión una ventaja muy necesaria.

---

[76] Constable, George, editor. *Hermano Contra Hermano: Libros de Tiempos de Vida. Historia de La Guerra Civil.* New York, Prentice Hall Press, 1990, 237.

Chancellorsville

Después del acuartelamiento de invierno de los ejércitos de la Unión y de la Confederación, en mayo de 1863 se reanudaría la guerra., Ambos ejércitos se habían demorado fuera de Fredericksburg tras su enfrentamiento en diciembre de 1862. El descanso y la recuperación tan necesarios experimentados tanto por la Unión como por los confederados eran evidentes.

La Unión decidió trasladarse a Chancellorsville y marchó allí sin resistencia. El 2 de mayo, Muro-de Piedra Jackson sorprendió al ejército de la Unión desde el oeste, mientras que Lee con sus otras fuerzas y atacaba desde el sur. Jackson y sus 26.000 soldados, que habían encontrado a las tropas de la Unión durmiendo y descansando, las tomaron desprevenidas. Los confederados cayeron sobre el ejército de la Unión y los vencieron fácilmente.[77]

Mientras algunos de los soldados respondieron al fuego, otros hombres se dispersaron huyendo de la avalancha de soldados confederados que se aproximaban. La Unión intentó armar una defensa y detener la avalancha de tropas confederadas. Al caer la noche, Jackson hizo retroceder sus líneas de vanguardia reemplazando las exhaustas tropas para poder intentar un ataque nocturno. El mismo Jackson salió a explorar el terreno y cuando regresaba de su reconocimiento de las filas de la Unión, fue confundido con una soldado de la Unión y sus propios hombres le dispararon. Lo sacaron del campo de batalla, le amputaron el brazo izquierdo y lo dejaron descansar con la esperanza de que se recuperara.[78]

---

[77] Eicher, David J. *La Noche Más Larga: Una Historia Militar de la Guerra Civil.* New York, Simon and Schuster, 2001, 474.

[78] Stokesbury, James L. *Una Breve Historia de la Guerra Civil.* New York, Harper Collins, 1995, 158.

La Unión pasó la noche después de la incursión del ejército de Jackson reorganizándose y preparándose para un nuevo asalto. Las tropas de la Unión recorrieron Chancellorsville, construyendo sus fortificaciones lo mejor que pudieron. Llegaron más tropas para reforzar al asediado ejército de la Unión, aumentando sus filas a 76.000 hombres.[79]

Al día siguiente, Jeb Stuart ahora al mando de las tropas en lugar de Jackson se enfrentó al ejército más grande de la Unión. Las tropas confederadas cayeron de todos lados mientras la Unión repelía ola tras ola, haciéndolos retroceder y obligándolos a cambiar su estrategia. Al final del día, ambos ejércitos estaban agotados y ya no podían luchar.

El general Lee asumió el mando total el 4 de mayo y esperaba hacer retroceder al ejército de la Unión al norte y al este. El enfoque de dos ataques de la Unión había agotado las fuerzas y los suministros de Lee. Aunque la Unión perdió 17.287 soldados, los confederados habían perdido 12.764, así como la capacidad de soportar más pérdidas de personal y de suministros.[80] La Confederación también estaba a punto de sufrir una desgracia que se sentiría en todo el Sur. El 10 de mayo, Jackson había sucumbido a su herida, y moría en un hospital de campaña en las afueras de Chancellorsville.[81] La Confederación había sufrido un durísimo golpe a su liderazgo.

---

[79] Constable, George, editor. *Hermano Contra Hermano: Libros de Tiempos de Vida. Historia de La Guerra Civil.* New York, Prentice Hall Press, 1990, 216.

[80] Brash, Sarah, editor. *La Historia Americana: Guerra Entre Hermanos.* Richmond, Time Life, 1996, 181.

[81] Stokesbury, James L. *Una Breve Historia de la Guerra Civil.* New York, Harper Collins, 1995, 158.

Gettysburg

Solo unos meses más tarde los confederados reanudarían su avance hacia el norte. Esta vez, el campo de batalla estaría en territorio de la Unión, muy al norte de Washington, pero no tan lejos como para poder atacarla. El campo de batalla sería Gettysburg, Pensilvania. El 1 de julio de 1863, Lee y su ejército llegaron a Pennsylvania en busca de otra estrategia para llegar a Maryland y a la vecina Washington.[82]

Desesperados, los confederados vieron a Gettysburg como un camino que podrían tomar para terminar la guerra. El primer disparo en Gettysburg fue de un centinela que respondió a la caballería Confederada. La Unión tenía hombres en las alturas esperando un asalto a Gettysburg. Los confederados asaltaron la cima y fueron obligados a retirarse. Vieron el terreno elevado como una posición necesaria para ganar la batalla.

Mientras carga tras carga hacían retroceder a las filas de la Unión y causaba bajas, el ejército confederado también sufría grandes pérdidas, desgarrando su ejército y haciendo que cada carga sucesiva se debilitara más y más. Para el 3 de julio, la Confederación estaba al límite de sus fuerzas. Con poco terreno ganado y muchas vidas perdidas, necesitan algo grande para cambiar el rumbo.

El 3 de julio, Lee sabía que tenía que hacer algo temerario. Lee volvió 150 cañones y 15.000 hombres hacia Cemetery Ridge (Cementerio de Pensilvania), emprendiendo un asalto frontal. Dirigido por la división de Pickett, este evento se conocería como la Carga de Pickett. A partir de la 1 de la tarde Lee hizo que 150 cañones bombardearan las líneas Unión durante dos horas. El ejército confederado tuvo que marchar sobre terreno abierto para terminar el asalto final. Cuando se abalanzaban hacia las posiciones de la Unión,

---

[82] Constable, George, editor. *Hermano Contra Hermano: Libros de Tiempos de Vida. Historia de La Guerra Civil.* New York, Prentice Hall Press, 1990, 258.

80 cañones los destrozaron. Los soldados de la Unión escondidos detrás de un muro de piedra se lanzaron sobre resto del ejército, destrozándolos donde estaban, al final de la carga, solo 100 hombres llegaron al muro solo para ser llamados a retirarse. La batalla de Gettysburg resultaría en la mayor derrota de la Confederación.[83]

Gettysburg vería a más de 160.000 soldados envueltos en una batalla durante más de tres días. La Unión había reunido 88.000 hombres frente a los 75.000 de los confederados.[84] Al final de la batalla, más de 28,000 soldados confederados fueron asesinados, heridos o desaparecidos, mientras que la Unión sufrió 23,049 pérdidas.[85] Entre los dos bandos, los muertos en Gettysburg sumaban más de 6.000. Lee se vio obligado a retirarse a Virginia y salir del territorio de la Unión.

---

[83] Eicher, David J. *La Noche Más Larga: Una Historia Militar de la Guerra Civil.* New York, Simon y Schuster, 2001, 546-547.

[84] Stokesbury, James L. *Una Breve Historia de la Guerra Civil.* New York, Harper Collins, 1995, 170.

Capítulo 8 - Cambiando el Rumbo

A medida que la lucha continuaba, cada victoria significaba más que la anterior. La Unión tenía la capacidad de mantener la guerra en marcha, mientras que cada pérdida que sufrían los confederados era un gran golpe para su causa y sus finanzas. Ambas partes habían soportado una guerra más de lo que podían haber imaginado. Lincoln había pensado que la rebelión sería aplastada en menos de un año y Davis había supuesto que la Unión se rendiría y dejaría que los Estados Confederados existieran libremente. Ninguno de los dos quería rendirse y perder las naciones a las que habían jurado servir.

Vicksburg

Después de la pérdida en Gettysburg, la Confederación se iba debilitando. La Unión había logrado varias otras victorias para asegurar que Nueva Orleans y Memphis quedaran fuera del control confederado, dejando a Vicksburg como el último eslabón entre las dos mitades de los Estados Confederados.

Desde el 18 de mayo de 1863, el general Ulysses S. Grant tenía la ciudad bajo asedio.[85] Después de haber intentado tomar la ciudad dos veces, la Unión había sufrido enormes bajas a manos del ejército confederado reforzado y fuertemente fortificado, en Vicksburg. Grant había intentado asaltos frontales y bombardeos de baterías marítimas. Finalmente, después de enterarse que el ejército de la llegada de Lee a Gettysburg, Grant presionó para encontrar una manera de tomar Vicksburg.

Habiendo detonado una mina debajo las fortificaciones de la ciudad, la Unión estaba tratando de abrirse paso hacia el asentamiento. La ciudad se estaba muriendo de hambre; la gente había comenzado a quedarse sin carne, sin sal e incluso sin agua. Con Grant a las puertas, la Confederación se vio obligada a encontrar una manera de poner fin al asedio en Vicksburg.

El 3 de julio de 1863, el mismo día de la derrota de Lee en Gettysburg, el líder de las tropas en Vicksburg, el general John C. Pemberton, envió un mensaje de tregua a Grant. Los dos se reunieron para establecer términos, y Grant exigió una rendición incondicional. Pemberton estaba dispuesto a capitular. Sin embargo, Grant repensó la situación y le ofreció a Pemberton y a las tropas de la Confederación una libertad bajo palabra. Todos los soldados confederados serían liberados después de firmar un juramento de no volver a luchar hasta que todos los cautivos de la Unión estuvieran libres.[86]

Para la medianoche, Pemberton había aceptado los términos de Grant y el asedio de Vicksburg había terminado después de 48 largos días. El asedio se había cobrado un precio enorme en cada ejército; tanto es así que se habían consolado mutuamente después del final

---

[85] Stokesbury, James L. *Una Breve Historia de la Guerra Civil.* New York, Harper Collins, 1995, 99.

[86] Stokesbury, James L. *Una Breve Historia de la Guerra Civil.* New York, Harper Collins, 1995, 148.

del asedio. La ferocidad de la guerra se había vuelto más evidente para ambos lados. Muchos se preguntarían cuánto tiempo más podría continuar la guerra, cuánto tiempo más podrían luchar ciudadano contra ciudadano.

Tras el anuncio de la caída de Vicksburg, un último foco de resistencia en Mississippi en Port Hudson rindió la guarnición a la armada de la Unión el 9 de julio de 1863.[87] El Sur estaba cayendo lentamente. El poderoso Mississippi había caído en manos de la Unión y los confederados habían perdido un paso vital para las tropas y el comercio.

La Batalla de Chickamauga

Tennessee todavía era un área disputada por el ejército confederado. Habían ocupado varias áreas alrededor de Chattanooga y estaban intentando expulsar a la Unión del estado. El 18 de septiembre de 1863, el general Rosecrans y su ejército de 62,000 soldados de la Unión presionaron para aislar el ejército confederado y evitar que asaltaran al ejército de la Unión que se dirigía a Chattanooga. Con 65.000 hombres, el general confederado Braxton Bragg los encontró en el Aroyo Chickamauga.[88]

Los dos ejércitos se enfrentaron el 19 de septiembre, y ambos sufrieron grandes pérdidas y se retiraron al final del día sin haber avanzado mucho. Sin embargo, durante la noche la Unión cavó trincheras y se preparó para un asalto confederado. Al día siguiente, el ejército confederado atacó las posiciones defensivas de la Unión y los obligó a llenarlos huecos causados por el asalto. Mientras estaban en esto, un segundo asalto confederado hizo retroceder al ejército de la

---

[87] Constable, George, editor. *Hermano Contra Hermano: Libros de Tiempos de Vida. Historia de La Guerra Civil.* New York, Prentice Hall Press, 1990, 248.

[88] Katcher, Philip. *La Guerra Civil Día a Día.* St. Paul, El Grupo de Referencia Brown, 2007, 113.

Unión hacia una cresta boscosa donde tomaron una última posición mientras la mayor parte del ejército de la Unión se retiraba a Chattanooga. Si bien esa fue una victoria para el Sur, no cambiaría el rumbo a su favor, ya que todavía sufrieron una pérdida de 18.454 soldados frente a la pérdida algo menor de la Unión, 16.179 soldados.[89]

La Unión se había retirado a la seguridad de Chattanooga, y los confederados solo habían ganado una pequeña victoria. Sin embargo, cada victoria envalentonaba más a Davis y al liderazgo confederado. Aunque sus recursos disminuían y su seguridad en Richmond estaba en peligro en forma intermitente, todavía veían su causa como justa. Lincoln también buscaba expresar su devoción a la causa y muy pronto usaría el campo de batalla en Gettysburg para reafirmar su deseo de poner fin a la guerra y a lograr una Unión reunificada.

El Discurso de Gettysburg

Cuando el ejército de la Unión cobraba impulso arrojando a Lee y a los confederados fuera del norte mientras tomaba el control de Nueva Orleans, Mississippi y Tennessee, Lincoln decidió que Gettysburg sería un lugar perfecto para dedicar un discurso a restaurar la Unión.

El 19 de noviembre de 1863, a la llegada de Lincoln a Gettysburg, comenzaron las ceremonias con música, oraciones, un discurso de dos horas de Edward Everett de Massachusetts seguido de un himno, y luego una alocución de 272 palabras conocida hoy como el Discurso de Gettysburg.[90]

---

[89] Constable, George, editor. *Hermano Contra Hermano: Libros de Tiempos de Vida. Historia de La Guerra Civil.* New York, Prentice Hall Press, 1990, 311.

[90] Cozzens, Peter, editor. *Batallas y Líderes de la Guerra Civil, Vol. 5.* University of Illinois, 2002, 376.

Lincoln se paró frente a una multitud de 10.000 personas y habló despacio y en voz alta para que todos pudieran escuchar. Lincoln proclamó:

"Hace ochenta y siete años, nuestros padres hicieron nacer en este continente una nueva nación concebida en la libertad y consagrada en el principio de que todas las personas son creadas iguales.

Ahora estamos empeñados en una gran guerra civil que pone a prueba si esta nación, o cualquier nación así concebida y así consagrada, puede perdurar en el tiempo. Estamos reunidos en un gran campo de batalla de esa guerra. Hemos venido a consagrar una porción de ese campo como lugar de último descanso para aquellos que dieron aquí sus vidas para que esta nación pudiera vivir. Es absolutamente correcto y apropiado que hagamos tal cosa.

Pero, en un sentido más amplio, nosotros no podemos dedicar, no podemos consagrar, no podemos santificar este terreno. Los valientes hombres, vivos y muertos, que lucharon aquí ya lo han consagrado, muy por encima de lo que nuestras pobres facultades podrían añadir o restar. El mundo apenas advertirá y no recordará por mucho tiempo lo que aquí digamos, pero nunca podrá olvidar lo que ellos hicieron aquí. Somos, más bien, nosotros, los vivos, quienes debemos consagrarnos aquí a la tarea inconclusa que los que aquí lucharon hicieron avanzar tanto y tan noblemente. Somos más bien los vivos los que debemos consagrarnos aquí a la gran tarea que aún resta ante nosotros: que de estos muertos a los que honramos tomemos una devoción incrementada a la causa por la que ellos dieron la última medida colmada de celo. Que resolvamos aquí firmemente que estos muertos no habrán dado su vida en vano. Que esta nación, Dios mediante, tendrá un nuevo nacimiento de libertad. Y que el gobierno del pueblo, por el pueblo y para el pueblo no desaparecerá de la Tierra"[91].

---

[91] Eicher, David J. *La Noche Más Larga: Una Historia Militar de la Guerra Civil.* New York, Simon and Schuster, 2001, 622.

El discurso renovó el llamado para el fin de la guerra y para que la Unión y la Confederación se reunieran. Frente a una multitud y a una prensa libre, Lincoln esperaba que sus palabras se extendieran a los Estados Confederados y cayeran en los oídos de Jefferson Davis, despertando en él la conciencia de que la guerra no podía continuar. Con más pérdidas en Gettysburg de las que cualquiera de los dos bandos podía soportar, Lincoln esperaba que su discurso fuera una rama de olivo para los confederados. Esperaba que las cosas cambiaran pronto. El año 1864 iba a ser, de hecho, el año en que la guerra cambió.

Batalla de Wilderness (del Desierto)

El 4 de mayo de 1864, la Unión entró en Wilderness, Virginia. El ejército de la Unión marchó para tomar Wilderness y las tropas de Lee en Orange Turnpike le salieron al paso. Los dos ejércitos se enfrentaron, y se libró una batalla en medio de una densa maleza y follaje.

Los dos ejércitos lucharon durante tres días, cada uno haciendo retroceder al otro. El 6 de mayo llegaron refuerzos confederados y la batalla continuaría en la noche. La batalla fue tan violenta que la maleza comenzó a incendiarse, lo que hizo que los ejércitos se tomaran un tiempo para detener los incendios y sacar a los heridos para evitar que murieran quemados.

Si bien la batalla fue muy disputada, finalmente los dos ejércitos terminaron en empate. Sin embargo, Grant la consideraría una victoria para la Unión, ya que él y su ejército continuaron hacia el sur y se adentraron en Virginia.

El derramamiento de sangre en Wilderness fue devastador para ambos lados; sin embargo, la Unión se llevaría la peor parte. La Unión perdió 1.766 soldados en comparación con los 7.500

confederados.[92] Aunque Grant reclamaría la victoria, pagaría un alto precio en Wilderness.

Asedio de Petersburgo

En junio de 1864, la Unión una vez más presionaría para tomar Richmond, Virginia. Necesitaban terminar la guerra. La tensión tanto en la Unión como en la Confederación se estaba volviendo insoportable. Cientos de miles de hombres habían muerto de ambos lados, y el país estaba destrozado.

La Unión entró en Virginia y a Petersburg. Petersburgo era la clave de la red ferroviaria que mantenía con vida a Lee y al ejército confederado. Grant decidió que, si podían cortar los suministros, podrían encerrar al ejército confederado y trasladarse a Richmond. Petersburg estaba fuertemente defendido con artillería que cubría todas las líneas de fuego y una red de trincheras alrededor de la ciudad. Los confederados habían fortificado la ciudad para defenderse del ejército de la Unión que se aproximaba.

El 18 de junio de 1864, Lee y su ejército se enfrentaron al ejército de la Unión en las afueras de Petersburgo y lucharon durante cuatro días, lo que le costó a la Unión 10.000 soldados.[93] Las pequeñas escaramuzas continuaron durante las siguientes tres semanas sin que ninguno ganara terreno. Así comenzó el asedio de Petersburgo.

Aunque los dos ejércitos se encontraban a solo unos cientos de metros de distancia, la Unión había tenido una oportunidad de oro. Los soldados de Pennsylvania que eran mineros estaban a solo 130

---

[92] Brash, Sarah, editor. *La Historia Americana: Guerra Entre Hermanos*. Richmond, Time Life, 1996, 181.

[93] Constable, George, editor. *Hermano Contra Hermano: Libros de Tiempos de Vida. Historia de La Guerra Civil*. New York, Prentice Hall Press, 1990, 380.

metros de la línea confederada.[94] La Unión trazó un plan para excavar bajo las defensas de la Confederación, hacer un agujero en él y abrir una brecha en Petersburgo reclamando la ciudad.

Los mineros cavarían 40 pies (13 metros) al día durante todo el día para moverse 510.8 pies (155 metros) a un lugar más allá de la línea confederada. Movieron más de 18.000 pies cúbicos (510 metros cúbicos) de tierra, que extendieron por un barranco detrás de las líneas de la Unión para no llamar la atención.[95] El 23 de julio de 1864, terminaron el túnel y elaboraron un plan; dos brigadas entrarían a Petersburgo a través de este agujero secreto en las defensas confederadas.

Les llevaría seis horas colocar 320 barriles de pólvora y un fusible de 30 metros para encender los barriles. Finalmente, el 30 de julio a las 4:40 de la madrugada, el ejército de la Unión activó los barriles de pólvora, abriendo un hoyo de 200 pies (60 metros) de largo, 15 metros de ancho y de 7 a 9 metros de profundidad.[96] Todo estaba lleno de "polvo, grandes bloques de arcilla, pistolas, carruajes rotos, vigas tiradas y hombres enterrados de varias maneras: algunos hasta el cuello, otros hasta la cintura, algunos con solo sus pies y piernas sobresaliendo de la tierra"[97]. At least 256 Confederate soldiers died as a result of the blast.

---

[94] Constable, George, editor. *Hermano Contra Hermano: Libros de Tiempos de Vida. Historia de La Guerra Civil.* New York, Prentice Hall Press, 1990, 380.

[95] Constable, George, editor. *Hermano Contra Hermano: Libros de Tiempos de Vida. Historia de La Guerra Civil.* New York, Prentice Hall Press, 1990, 382.

[96] Stokesbury, James L. *Una Breve Historia de la Guerra Civil.* New York, Harper Collins, 1995, 267.

[97] Constable, George, editor. *Hermano Contra Hermano: Libros de Tiempos de Vida. Historia de La Guerra Civil.* New York, Prentice Hall Press, 1990, 382.

Cuando el polvo se fue disipando, 10.000 soldados negros se precipitaron a través de la mina y al cráter. Lee y su ejército estacionados cerca de Petersburg atacaron a las tropas dentro y fuera del cráter, causando pánico y confusión. Los confederados desbordaron a la Unión que en cuestión de horas habían perdido 3.500 soldados frente a los 1.500 de los confederados. La Unión había perdido la oportunidad de tomar Petersburgo.[98]

---

[98] Constable, George, editor. *Hermano Contra Hermano: Libros de Tiempos de Vida. Historia de La Guerra Civil.* New York, Prentice Hall Press, 1990, 384.

Capítulo 9 - La Lucha Final

La guerra entre la Unión y la Confederación estaba entrando en su tercer año. Sin un final a la vista, la Unión se lanzó a la ofensiva en Virginia con la esperanza de forzar la rendición. A medida que la guerra avanzó más en el año, fue a través de este avance en el corazón del territorio confederado que la Unión esperaba poner fin a la guerra y volver a la unificación de la Unión.

Sherman Incendia Atlanta

El ejército de la Unión estaba ganando terreno en Georgia. El general Sherman había estado librando una larga guerra terrestre persiguiendo al ejército de Hood en todo el sur. Finalmente, el 31 de agosto de 1864, Sherman derrotó al ejército de Hood y lo forzó a retirarse a Atlanta.[99]

Sherman persiguió y detuvo a los confederados al norte de Jonesborough, destruyendo las vías del ferrocarril que conducían a Atlanta cortando así la última línea de suministro para el ejército de Hood en Atlanta.

---

[99] Stokesbury, James L. *Una Breve Historia de la Guerra Civil.* New York, Harper Collins, 1995, 284.

La batalla en Jonesborough fue una gran victoria para la Unión y un golpe para un ejército confederado ya muy debilitado. Sherman hizo retroceder a las fuerzas confederadas a Atlanta, y con esta retirada, el ejército confederado se acercó más la derrota. No cabía duda de que pronto la Confederación caería.[100]

El objetivo de Sherman era la destrucción total y completa de la Confederación. Cada victoria sobre la Confederación fue diseñada para que tuviera el máximo impacto, de modo que la Confederación perdiera suministros, soldados, la moral y la fe de los ciudadanos de los Estados Confederados de América. La guerra estaba llegando a su fin, y la Unión junto con Sherman estaban haciendo todo lo posible para anular al ejército confederado y hacer que quisieran darse por vencidos.[101]

Marcha de Sherman al Mar

Después de perder la batalla de Atlanta, el ejército rebelde se dirigió a Tennessee a través de Alabama. El general Sherman decidió dividir sus fuerzas. Le dio 60.000 hombres al mayor general George Thomas para que se enfrentara con los confederados en Nashville. El general Sherman llevó a 60.000 hombres al este para tomar la principal ciudad portuaria de Savannah para bloquear una importante línea de suministro.

Mientras el general Thomas se dirigía a Alabama persiguiendo a los confederados, Sherman avanzó con sus tropas hacia Savannah, instituyendo una estrategia que se conocería como "La Política de Tierra Arrasada". Cualquier granja, aldea o pueblo que el ejército de Sherman encontrara en su viaje a Savannah sería saqueada y destruida por completo. Después de tomar todo artículo de valor, incluido

---

[100] Stokesbury, James L. *Una Breve Historia de la Guerra Civil.* New York, Harper Collins, 1995, 280.

[101] Stokesbury, James L. *Una Breve Historia de la Guerra Civil.* New York, Harper Collins, 1995, 284=285.

ganado, comida, ropa y pienso, toda la estructura sería quemada hasta los cimientos.

Los lugares que Sherman destruiría ya habían sido golpeados duramente. Con la mayoría de los hombres fuera haciendo la guerra, o muertos en la guerra, los únicos hombres que quedaban eran extremadamente viejos o muy jóvenes. Esta escasez de recursos, tanto en bienes como en mano de obra, hacía casi imposible que estas comunidades se recuperasen. Y, esto era precisamente lo que el general Sherman quería. Si la gente tuviera que dedicarse a reconstruir solo para poder sobrevivir, no habría tiempo ni fervor suficiente para librar una guerra.

Sherman tardó casi tres semanas en cubrir las 258 millas de Atlanta a Savannah, rompiéndole de camino el lomo y la moral de la población del Sur. El 21 de diciembre de 1864, el ejército de Sherman desfiló por las calles de Savannah, Georgia, sin oposición. Estacionada allí se encontraba una guarnición de 11.000 hombres para proteger el vital puerto marítimo, pero ante la noticia de la ola de destrucción que Sherman había dejado, huyeron de la ciudad ante la noticia de su inminente llegada. El general Sherman encontró 25.000 fardos de algodón sin vigilancia, que instantáneamente reclamaría para la Unión, proclamándolos un regalo de Navidad anticipado para Abraham Lincoln.

Después de asegurar Savannah, el ejército de Sherman giró hacia el norte hacia Charleston, Carolina del Sur. Continuaría con su política de tierra arrasada a través de Carolina del Sur, declarando: "Esta Unión y su Gobierno deben ser sostenidos, a toda costa", a pesar de que la preservación de la Unión se pagara con las vidas y los medios de vida de los civiles del Sur.

Sin embargo, el miedo al general Sherman y a su política ayudaron a poner fin al asedio de Charleston. A pesar de los casi dos años consecutivos de bombardeos de los ejércitos de la Unión y su artillería técnicamente más avanzada, los sureños asediados se mantuvieron firmes. Sin embargo, con la noticia del despiadado ejército de

Sherman en camino hacia la ciudad portuaria bloqueada, las tropas del sur que quedaban en la ciudad huyeron. Podrían soportar morteros explosivos, innumerables incendios, enfermedades y hambre, pero se acobardaron ante la mera mención de una figura casi mitológica.

La Caída de Richmond

En abril de 1865, sabiendo que la Unión estaba ganando terreno y la Confederación se estaba quedando sin suministros y tropas, abandonó Petersburgo y Richmond, Virginia. La Unión había roto las defensas en Petersburgo y estaba a punto de invadir tanto Petersburgo como Richmond. Con pocas otras opciones, Lee tomó todo lo que pudo reunir y llamó a retirarse.

El ejército confederado bajo el mando del general Lee intentó moverse hacia el oeste, con la esperanza de reorganizarse junto con otras unidades en esa zona. En Danville, en la carretera que sale de Virginia cerca de Appomattox, la caballería de la Unión aplastó al ejército de Lee, destruyendo gran parte de sus suministros. Casi 800 soldados se perdieron en el camino cuando el ejército de la Unión repitiera los ataques. Las tropas de Lee estaban demasiado cansadas, hambrientas y sin suministros como para montar una defensa adecuada.[102]

Finalmente, el 9 de mayo de 1865, Robert E. Lee se rindió a Ulysses S. Grant en el Palacio de justicia de Appomattox, en Virginia, poniendo así fin a la campaña de Lee y la guerra en Virginia.[103] El acuerdo firmado por ambos generales tenía como objetivo la reunificación de la Unión. La rendición oficial del ejército confederado bajo el mando de Lee se produjo el 12 de abril de 1864.

---

[102] Constable, George, editor. *Una Breve Historia de la Guerra Civil.* New York, Prentice Hall Press, 1990, 397.

[103] Stokesbury, James L. *Una Breve Historia de la Guerra Civil.* New York, Harper Collins, 1995, 319.

Una vez que los soldados, que marchaban con lágrimas en los ojos, dejaron las armas, los dos ejércitos se sentaron juntos, compartiendo la comida.[104]

---

[104] Stokesbury, James L. *Una Breve Historia de la Guerra Civil.* New York, Harper Collins, 1995, 320.

Capítulo 10 - Reunificados

Con tantos años de guerra pesando sobre Lincoln, buscaría encontrar una manera efectiva de atacar el corazón de los Estados Confederados. Si bien la Proclamación de Emancipación había ayudado a otorgar la libertad a los esclavos, todavía estaba lejos de la destrucción total de la institución de la esclavitud que muchos en el Norte habían pedido. Lincoln trató de impulsar la Decimotercera Enmienda y, por fin, eliminar la plaga de la esclavitud de la faz de Estados Unidos.

La 13a Enmienda pone Fin a la Esclavitud

El 31 de enero de 1865, el Congreso de los Estados Unidos aprobaría 13a enmienda que establecía: "Ni la esclavitud ni la servidumbre involuntaria, excepto como castigo por un delito por el cual la parte haya sido condenada debidamente, existirán dentro de los Estados Unidos o en cualquier lugar sujeto a su jurisdicción"[105]. Finalmente, el 6 de diciembre de 1865, la enmienda fue ratificada por los estados.

Esta enmienda creó un efecto de bola de nieve, moviendo a muchos para encontrar formas de otorgar los mismos derechos a aquellos que todavía se consideraban ciudadanos de segunda clase y que todavía estaban limitados por las palabras, o la falta de ellas, dentro de la Constitución.

Segundo Discurso Inaugural de Lincoln

Con el final de la guerra inminente, Lincoln fue elegido para un segundo mandato. Esta vez aprovechó la oportunidad para pronunciar un discurso breve pero firme, que sería uno de los últimos. El 4 de marzo de 1865, agotado y cansado de todo un período de guerra, Lincoln se paró frente a una multitud en el Frente Este del Capitolio y pronunció el siguiente discurso:

"En esta segunda ocasión que en presto juramento para ejercer el puesto presidencial, hay menos necesidad de un discurso prolongado que en la primera ceremonia de toma de posesión. En aquella ocasión, una declaración detallada del curso a seguir parecía adecuada y apropiada. Ahora, después de cuatro años en los que las declaraciones públicas han sido constantemente divulgadas en todos

---

[105] Lincoln, Abraham. *Documentos de Abraham Lincoln: Serie 3. Correspondencia general. 1837 a 1897: Congreso, miércoles, resolución conjunta que presenta la decimotercera enmienda a los estados; firmado por Abraham Lincoln y el Congreso.* 1 de febrero de 1865. Manuscrito / Material mixto. Obtenido de la Biblioteca del Congreso, <www.loc.gov/item/mal4361100/>.

los puntos y fases de la gran contienda todavía llaman la atención y absorben las energías de la nación, pocas novedades podrían ser presentadas. El progreso en el ámbito militar, que es el punto principal del cual depende todo lo demás, es tan conocido por el público como por mí mismo, y es, espero, razonablemente satisfactorio y alentador para todos. Con grandes esperanzas para el futuro, no me atrevo a hacer predicciones sobre estos asuntos. En la ocasión que correspondió a este evento hace cuatro años, todos los pensamientos se dirigían ansiosamente hacia una inminente guerra civil. Todos la temíamos, y todos tratamos de evitarla. Mientras que el discurso de toma de posesión se daba desde este mismo lugar, dedicado por completo a la salvación de la Unión sin llegar a la guerra, agentes insurrectos estaban en esta misma ciudad tratando de destruirla sin una guerra -con el objetivo de disolver a la Unión y dividir propiedades mediante negociaciones-. Ambas partes censuraban la guerra, pero una de ellas prefería llegar a la guerra antes de dejar que la nación sobreviviera, y la otra aceptaría la guerra antes de dejarla perecer. Así vino la guerra. Una octava parte de toda la población eran esclavos de color, y no se encontraban distribuidos de forma general dentro de la Unión, sino que localizados en la parte sur. Estos esclavos constituían un interés peculiar y poderoso. Todos sabían que este interés era, de una u otra forma, la causa de la guerra. Fortalecer, perpetuar y ampliar este interés era el objetivo por el cual los insurrectos estaban dispuestos a separar la Unión, incluso por medio de la guerra; mientras que el Gobierno no pretendía ningún derecho más que restringir la ampliación territorial de esos intereses. Ninguna de las partes esperaba que la guerra tuviera el impacto o la duración que ha alcanzado. Tampoco se preveía que la causa del conflicto podría cesar durante o incluso antes de que el conflicto en sí mismo terminara. Cada parte buscaba un triunfo fácil, y un resultado menos fundamental y sorprendente. Ambas partes leen la misma Biblia y rezan al mismo Dios, y cada una invoca la ayuda de Dios al luchar contra la otra. Puede parecer extraño que los hombres se atrevieran a pedir la ayuda de un Dios justo para retirarle el pan de la frente sudorosa a otros hombres; pero no vamos a juzgar, para no ser juzgados. Las oraciones de ambas partes no podían ser escuchadas; las oraciones de ambas partes no han sido respondidas plenamente. El Todopoderoso tiene sus propios propósitos. «¡Qué calamidades tendrá el mundo por sus ofensas!, porque debe ser necesario que existan ofensas. Pero ¡qué calamidades sufrirá el hombre de quien provengan las ofensas!»"[106].

"Si suponemos que la esclavitud en Estados Unidos es una de las ofensas que, en la providencia de Dios, deben existir, pero que tras haber excedido el tiempo señalado por Él, Dios ahora quiere eliminar, y le da al Norte y al Sur esta terrible guerra como castigo para aquellos de quienes provino dicha ofensa, ¿debemos asumir que la divinidad de Dios es menor a la que siempre hemos creído? Esperamos con indulgencia y oramos con fervor que este poderoso flagelo de la guerra desaparezca rápidamente. Sin embargo, si es la voluntad de Dios que esta guerra continúe hasta que se hunda toda la riqueza acumulada durante los 250 años de trabajo ingrato que realizaron los esclavos, y hasta que cada gota de sangre extraída con el látigo sea pagada con otra gota extraída por la espada, al igual que se dijo hace tres mil años, debemos decir que «los juicios del Señor son todos justos en verdad. Con malicia hacia nadie, con caridad hacia todos, con firmeza en lo correcto, como Dios nos permite ver lo que es correcto, esforcémonos en terminar la obra en que nos encontramos; para sanar las heridas de la nación, para cuidar de aquellos que murieron en la batalla, de sus viudas y sus hijos huérfanos; para todas las tareas que nos lleven a alcanzar y apreciar una paz justa y duradera entre nosotros, y con todas las naciones"[107].

---

[106] Lincoln, Abraham. *Segundo discurso inaugural del difunto presidente Lincoln.* James Miller, Nueva York, 1865. Pdf. Obtenido de la Biblioteca del Congreso, <www.loc.gov/item/scsm000283/>.

[107] Lincoln, Abraham. *Segundo discurso inaugural del difunto presidente Lincoln.* James Miller, Nueva York, 1865. Pdf. Obtenido de la Biblioteca del Congreso, <www.loc.gov/item/scsm000283/>.

Con este discurso, Lincoln señalaba su deseo de poner fin a la guerra perpetua, explicando su desdén y odio por la institución de la esclavitud. Sus palabras representaban el terreno moral sobre el que Lincoln no había presionado tanto antes de la guerra, y que ya no tenía miedo de expresar, habiendo experimentado a lo largo de la guerra civil exactamente lo contrario de la paz que había buscado cuando asumiera el cargo por primera vez.

Lincoln Baleado

John Wilkes Booth nació el 10 de mayo de 1838, de inmigrantes ingleses Junius Brutus Booth, un actor de Shakespeare, y su amante Mary Anne Holmes. La mayor parte de su juventud se la pasó contemplando el ondulado campo de Maryland que prestando atención a sus estudios. Su padre murió cuando Booth tenía 14 años, en ese momento decidió dejar sus esfuerzos por educarse y seguir el camino que su padre y su hermano mayor habían abierto en el teatro.

Después de debutar a los 17 años, se dio cuenta de que le costaría mucho liberarse de la sombra de la carrera de actor de su hermano mayor Edwin. Sin embargo, por su buena apariencia y animadas actuaciones, su reputación y sus papeles se fueron haciendo cada vez más grandes. Asumiría el papel principal en una compañía que hacía giras nacionales y para cuando la década de 1850 llegaba a su fin, ganaba el equivalente a más de medio millón de dólares al año en dinero de hoy.

Cuando comenzó la guerra civil, la aversión de Booth por los abolicionistas iba creciendo. Se unió a un grupo de hombres que formaron una milicia y marcharon a Harpers Ferry para deleitarse con la ejecución en la horca de John Brown. Luego pasaría dos semanas en Montreal, un semillero para simpatizantes del sur, mientras hacía planes sobre cómo tratar con el norte, especialmente con el presidente.

Ya en agosto de 1864, Booth y sus conspiradores planeaban asesinar al presidente Lincoln. Había imaginado muchos escenarios, incluido el secuestro de Lincoln y mantenerlo como rehén en Virginia hasta que la Unión liberara a prisioneros de guerra confederados y les permitiera regresar a la línea del frente. Cada vez que Booth planeaba eliminar a Lincoln, siempre surgía algo que le impedía llevarlo a cabo.[108]

Finalmente, el 14 de abril de 1865, Booth y sus conspiradores tuvieron la oportunidad de actuar. El presidente Lincoln y su señora esposa, junto con Ulysses S. Grant, iban a asistir a una presentación de Nuestro Primo Americano en el Teatro Ford. Mientras elaboraba su plan, Booth se enteró de que Grant no estaría presente y, por lo tanto, cambió su segundo objetivo al Secretario de Estado William Seward. Booth había planeado que los asesinos atacaran a las 10:25 de la noche y luego cruzaran el Potomac hacia la seguridad de Virginia y la Confederación.[109]

Los Lincoln llegaron a las 8:30 y se sentaron en un palco con vistas al escenario. Junto a su esposa estaban disfrutando del espectáculo, cuando Booth entró al teatro, subió las escaleras y se metió en el palco privado del presidente. Cuando el público comenzara reirse, Booth se ubicó al lado derecho de Lincoln, sacó una Derringer y disparó, atravesando la oreja izquierda y el cerebro de Lincoln. Lincoln se desplomó, mientras Booth sacaba un cuchillo y atacaba a uno de los invitados de Lincoln, el Mayor Rathbone. Luego saltó del palco al escenario. Según los informes, al caer quedó atrapado en una bandera, lo que le valió una pierna rota. Booth se las arregló para escapar del teatro, montarse a un caballo que esperaba y alejarse.[110]

---

[108] Constable, George, editor. *Hermano Contra Hermano: Libros de Tiempos de Vida. Historia de La Guerra Civil.* New York, Prentice Hall Press, 1990, 408.

[109] Katcher, Philip. *La Guerra Civil Día a Día.* St. Paul, El Grupo de Referencia Brown, 2007, 183.

[110] Katcher, Philip. *La Guerra Civil Día a Día.* St. Paul, El Grupo de Referencia Brown, 2007, 183.

Con lo que muchos vieron como un golpe a la tiranía, Booth se convertiría en un héroe para los del Sur. Algunos pensaron que la Unión se doblegaría o se echaría atrás respecto a los confederados, dándoles algún espacio para respirar, y posiblemente permitirles vivir como una nación separada.

Muere Lincoln

Después del balazo, Lincoln fue atendido inmediatamente por un médico que estaba entre el público. Llevaron al presidente del Teatro Ford a una casa de huéspedes al otro lado del camino. Estaba herido de muerte, pero el médico intentó hacer todo lo posible para salvarle la vida. El 15 de abril a las 7:30 de la mañana, Lincoln fue declarado muerto.[111] Inmediatamente se puso en marcha una cacería humana de John Wiles Booth y sus conspiradores.

Doce días después, John Wilkes Booth fue acorralado en una granja cerca de Bowling Green, Virginia. Las tropas de la Unión rodearon el depósito de tabaco en el que se escondía y le prendieron fuego. Se produjo un tiroteo, y Booth recibió un disparo en el cuello, muriendo antes de poder ser juzgado.[112]

Johnston se Rinde

El 26 de abril de 1865 la guerra se acercaba aún más hacia su fin cuando el general Sherman del ejército de la Unión y el general Johnston del ejército confederado se reunieron en Durham, Carolina del Norte. Los términos se establecieron de acuerdo con el acuerdo alcanzado por el general Grant y el general Lee en Appomattox solo unas semanas antes. Su pacto permitiría a las tropas depositar sus armas y bienes públicos y luego se les dio la libertad bajo palabra

---

[111] Katcher, Philip. *La Guerra Civil Día a Día*. St. Paul, El Grupo de Referencia Brown, 2007, 183.

[112] Eicher, David J. *La Noche Más Larga: Una Historia Militar de la Guerra Civil*. New York, Simon and Schuster, 2001, 829.

siempre que se comprometieran a no tomar las armas. Toda la propiedad privada debía ser retenida por oficiales y soldados y todos podrían regresar a sus hogares.[113]

Esta rendición de la segunda parte más grande del ejército confederado ascendía a 30.000 soldados y fue un gran golpe para toda la Confederación.[114] Mientras se estaban rindiendo, el presidente confederado Jefferson Davis estaba reunido con su gabinete en Charlotte, luego se dispersarían y se dirigirían al oeste del Mississippi.

El Fin de La Confederación

El 10 de mayo de 1865, las tropas de la Unión allanaron un campamento en Irwinville, Georgia, y arrestaron al presidente Jefferson Davis.[115] Fue detenido y no sería puesto en libertad hasta el 13 de mayo de 1867.[116]

El 23 de mayo de 1865, el ejército de la Unión marchó por la Avenida Pennsylvania, aclamado por una multitud junto con el nuevo presidente de los Estados Unidos, Andrew Johnson.[117] La guerra había terminado oficialmente. La guerra que abarcaría a toda la Presidencia de Lincoln y le costara la vida se ganó menos de un mes después de su asesinato.

---

[113] Katcher, Philip. *La Guerra Civil Día a Día*. St. Paul, El Grupo de Referencia Brown, 2007, 184.

[114] Katcher, Philip. *La Guerra Civil Día a Día*. St. Paul, El Grupo de Referencia Brown, 2007, 184.

[115] Constable, George, editor. *Hermano Contra Hermano: Libros de Tiempos de Vida. Historia de La Guerra Civil.* New York, Prentice Hall Press, 1990, 412.

[116] Constable, George, editor. *Hermano Contra Hermano: Libros de Tiempos de Vida. Historia de La Guerra Civil.* New York, Prentice Hall Press, 1990, 412.

[117] ---. *La Guerra Civil Completa.* Londres, Wellington House, 1992, 128.

El día de Navidad de 1868, el presidente Johnson concedería la amnistía y el perdón a los soldados confederados y a los involucrados en la "rebelión". Los rebeldes debían prestar juramento a la Constitución.[118] Algunos oficiales confederados huirían de la justicia y se escondieron en México. Se estima que alrededor de 10.000 confederados se exiliaron en México luego de la guerra y el perdón de Johnson.[119]

Si bien los Estados Confederados actuales terminaron con la conclusión de la guerra y el arresto de Davis, todavía había un movimiento de rebelión en los Estados del Sur. Ha impregnado la cultura del Sur desde la guerra civil y se ha convertido en una parte importante de la identidad del Sur, tanto es así que a menudo se conoce a la guerra civil entre los sureños, como la "guerra de Agresión del Norte". Es esta visión es la que ha dado lugar a la mayoría de los conflictos y problemas de relaciones raciales en el Sur durante más de 150 años.

Mi Hermano, Mi Prisionero

El campo de prisioneros de guerra de Andersonville estaba ubicado en el sur de Georgia. Tenía 497 metros de largo y 49 metros de ancho, y originalmente estaba destinado a albergar a 10.000 prisioneros de guerra de la Unión. Sin embargo, en menos de un año, tendría tres veces esa población. Fue diseñado para ser una instalación moderna y eficiente, pero al final se convirtió en una de las muestras de inhumanidad más impactantes de los tiempos modernos.

Al entrar en la prisión después de ser capturado, al soldado de la Unión se le daría una instrucción y una única instrucción. Manténganse lejos de la zona límite. La zona límite era un espacio de

---

[118] Eicher, David J. *La Noche Más Larga: Una Historia Militar de la Guerra Civil.* New York, Simon and Schuster, 2001, 844.

[119] Katcher, Philip. *La Guerra Civil Día a Día.* St. Paul, El Grupo de Referencia Brown, 2007, 188.

5 metros desde las paredes de la empalizada hacia el centro del campamento. Cualquier prisionero que se atreviera esa zona o incluso apenas pisarla sería muerto a tiros por cualquiera de los centinelas que desde las docenas de torres en los muros vigilaban el campamento. Uno tendería a pensar que nadie sería lo suficientemente atrevido o estúpido como para tratar de cruzar esa zona, pero con las condiciones en el campamento volviéndose atroces, muchos lo intentaron y pagaron con sus vidas.

En mitad del campo había un pequeño riachuelo originalmente diseñado para ser usado como fuente de agua para los prisioneros. Sin embargo, a medida que las filas de los soldados de la Unión crecían en el campo, el pequeño arroyo no podía sostener las necesidades de los 30.000 hombres que ocupaban el campo en un momento dado. A medida que los prisioneros utilizaban el arroyo, las orillas comenzaron a erosionarse, lo que provocó la formación de un estanque de unos tres acres en medio del campo, ya de por sí abarrotado. Los prisioneros comenzaron a usar el estanque para hacer sus necesidades. A medida que los desechos de decenas de miles de hombres comenzaron a acumularse, también lo hizo el número de cuerpos de prisioneros que habían muerto de enfermedades como la disentería.

Los soldados comenzaron a darse la espalda dentro del campo. Un grupo de hombres desesperados comenzó a robar e intimidar a los suyos para sobrevivir. Otro grupo de hombres con una pizca de civismo se enfrentó a los bandidos y formó un sistema judicial dentro del campo. Dictaron sentencias sobre crímenes que iban desde el robo hasta el asesinato. Sus juicios fueron rápidos, y algunos hombres incluso fueron colgados del cuello con una cuerda.

Tras la liberación en mayo de 1865, se encontró un diario de un soldado de la Unión. Dentro había una lista cuidadosamente hecha de cada habitante que llegó a Andersonville durante su encarcelamiento. Esta lista y la historia de Andersonville se publicaron después de la conclusión de la guerra en el New York Tribune. La historia de las horribles condiciones y el trato inhumano de los prisioneros conmocionó a la nación, tanto que la lista encontrada se utilizó para crear un monumento en Georgia para honrar las almas que tuvieron que soportar las más oscuras naturalezas del hombre.

Capítulo 11 – América de la Posguerra

La Unión Reunificada

La guerra civil había servido para preservar la Unión, que fue la razón principal por la que Lincoln entró en la guerra. Había declarado que no tenía otro deseo que salvar a la Unión. Liberar a los esclavos y promulgar la Proclamación de Emancipación representaba objetivos secundarios. La guerra civil también había cerrado un capítulo sobre el debate que plagaría a los Estados Unidos desde su fundación en cuanto a si los estados podían separarse voluntariamente de la Unión.

La Unión ahora fue aceptada como permanente; ningún estado puede separarse de él, y cada estado era parte de la nación como un todo. Estados Unidos sería una nación única y solitaria bajo la misma bandera, compuesto por muchos estados individuales. Esto ha sido importante para el futuro del país ya que, si bien cada estado tiene sus propias leyes y reglamentos, todos se suscriben a la ley del país, es decir, la ley federal promulgada a través del poder del gobierno de los Estados Unidos.

La esclavitud se vio afectada durante la guerra por la Proclamación de Emancipación y la aprobación de la Decimotercera Enmienda. El legado de la guerra civil y su papel en la decimotercera enmienda y la emancipación fue inmenso, considerando que más de 180.000 hombres negros sirvieron en el ejército de la Unión, avanzando la necesidad de la emancipación en los Estados Unidos.[120] Este cambio en la percepción de los afroamericanos los ayudó a mudarse del sur al norte, transformando las ciudades del siglo XX y trayendo la libertad a millones de exesclavos que de otro modo habrían muerto en los lazos de la servidumbre.

Después de la guerra, la política estadounidense y las ideas de los partidos cambiaron. El apoyo al Partido Republicano aumentó y dominó la política estadounidense durante décadas. Los republicanos eran percibidos como el partido del Norte y la libertad, mientras que el Partido Demócrata era visto como el partido del Sur y, por lo tanto, opresivo para las minorías.[121]

La Reconstrucción (1865-1877)

El 2 de marzo de 1867, el Congreso aprobó la Primera Ley de Reconstrucción. La Ley dividía a los Estados Confederados en cinco distritos militares y los ponía bajo el control de los militares, cada distrito al mando de un general. Los gobiernos estatales que se estaban reconstruyendo eran solo provisionales hasta que redactaran nuevas constituciones estatales y permitieran la concesión de derechos a los hombres negros y la ratificación de la Decimocuarta Enmienda.

La reconstrucción fue un gran emprendimiento que cambió la faz de los Estados Unidos. Los negros que alguna vez fueron esclavos se

---

[120] Katcher, Philip. *La Guerra Civil Día a Día*. St. Paul, El Grupo de Referencia Brown, 2007, 189.

[121] Katcher, Philip. *La Guerra Civil Día a Día*. St. Paul, El Grupo de Referencia Brown, 2007, 189.

encontraran libres, pero sin salario ni trabajo. Muchos se fueron al norte para encontrar trabajo en las ciudades.

De 1865 a 1877, se realizaron tres cambios monumentales en la Constitución de los Estados Unidos. Estos fueron las enmiendas decimotercera, decimocuarta y decimoquinta, y su inclusión cambió a toda la nación.

La Decimotercera Enmienda abolió permanentemente la esclavitud en todas partes de los Estados Unidos.

La Decimocuarta Enmienda establece que los derechos de ciudadanía no pueden ser denegados sin el debido proceso. Establece: "Todas las personas nacidas o naturalizadas en los Estados Unidos, y sujetas a la jurisdicción de los mismos, son ciudadanos de los Estados Unidos y del Estado en el que se residen. Ningún Estado promulgará ni hará cumplir ninguna ley limite los privilegios o inmunidades de los ciudadanos de los Estados Unidos; tampoco ningún Estado privará a ninguna persona de la vida, la libertad o la propiedad, sin el debido proceso legal; ni la negará a ninguna persona dentro de su jurisdicción la protección igualitaria de las leyes".

Con esta enmienda llegó la oposición, no solo hacia aquellos que la apoyaron, sino hacia aquellos a quienes más afectaría, los negros. En el sur, hubo una dura resistencia a la igualdad de los negros y la política republicana. En Tennessee, el Ku Klux Klan se había formado en 1866 como un club social, pero rápidamente se convirtió en un grupo rabioso anti-republicano y anti-negro con una membresía de decenas de miles. El Ku Klux Klan utilizó estos números para asesinar a líderes republicanos blancos y negros, quemar edificios y aterrorizar a hombres libres.[122]

Tras el juicio político del presidente Andrew Johnson, que había asumido la presidencia a la muerte de Lincoln, muy pronto un héroe de la guerra civil sería elegido presidente: el general Ulysses S. Grant.

---

[122] Maus, Louis P. *La Guerra Civil: Una Historia Concisa.* New York, Oxford University Press, 2011, 85.

Mientras se elogiaban las victorias políticas en los estratos superiores de la sociedad estadounidense, a los hombres libres se les negaban sus derechos. Casi enseguida el Congreso aprobó varias Leyes de Cumplimiento destinadas a prevenir el fraude electoral, así como a "hacer cumplir los derechos de los ciudadanos de los Estados Unidos a votar en los varios estados de esta unión"[123].

Aun así, los derechos de los esclavos ahora libres fueron desafiados, y el Congreso aprobó la Ley del Ku Klux Klan que buscaba suprimir las actividades del Klan y, si era necesario, le daba al presidente la facultad de suspender el hábeas corpus en las áreas en que operaba el Klan.[124]

Muy pronto se aprobaría otra enmienda. La Decimoquinta Enmienda extendió específicamente el derecho de voto a los hombres afroamericanos. Afirma. "El derecho de los ciudadanos de los Estados Unidos a votar no será denegado ni restringido por los Estados Unidos ni por ningún Estado por motivos de raza, color o condición previa de servidumbre".

Si bien estos fueron importantes avances, el Sur aún encontró formas de restringir los derechos de los afroamericanos y evitar la aplicación de estas leyes. No sería sino por casi otros 100 años que el movimiento de Derechos Civiles volvería a cambiar la faz de los Estados Unidos.

En algunas partes del país, la guerra civil sigue siendo un motivo de orgullo. Muchos en el Sur sienten que no se les dio un trato justo y que, si Lincoln los hubiera dejado solos y no los hubiera amenazado en su inauguración inicial, no habría habido guerra y, finalmente, la Unión se habría reunificado.

---

[123] Maus, Louis P. *La Guerra Civil: Una Historia Concisa.* New York, Oxford University Press, 2011, 87.

[124] Maus, Louis P. *La Guerra Civil: Una Historia Concisa.* New York, Oxford University Press, 2011, 87.

Sin embargo, el costo de la guerra fue devastador, dado el total de 620.000 hombres que habían muerto durante el conflicto. La Unión perdió alrededor de tres soldados por cada dos soldados confederados, siendo los números de la Unión 360.000 y de la Confederación en 260.000. Peor aún fue el efecto que tuvo sobre el número de hombres en el país, ya que aproximadamente el veinticinco por ciento de los hombres en edad militar se habían perdido.[125]

Aunque la guerra tenía la intención de unificar a la Unión y la Confederación y marcar el comienzo de "un nuevo nacimiento de la libertad"[126], el Sur, que ya no era dueño de su nación, todavía tenía un largo y difícil camino por delante. Con las enmiendas aprobadas y la Proclamación de Emancipación como ley del país, los negros del Sur eran libres a todos los efectos. Sin embargo, no disfrutaban de las mismas libertades que gozaban otros. En el sur, a los negros se les negaron derechos a través de sistemas legales y políticos diseñados para evitar que ganaran terreno. Aunque ya no estaban bajo condiciones de esclavitud física, eran mantenidos en esclavitud económica y política, lo que los dejaba, en el mejor de los casos como ciudadanos de segunda clase. Las restricciones que enfrentaron incluían la segregación, la que se les negaba el derecho a votar e incluso se les ofrecían cargos que solo eran para gente negra.

---

[125] Stokesbury, James L. *Una Breve Historia de la Guerra Civil*. New York, Harper Collins, 1995, 324.

[126] Eicher, David J. *La Noche Más Larga: Una Historia Militar de la Guerra Civil*. New York, Simon y Schuster, 2001, 622.

Conclusión

La guerra civil fue más que Norte contra Sur. Se trataba de libertad, derechos y representación del gobierno. Con el surgimiento del Partido Republicano y el movimiento para abolir la esclavitud, los estados del sur sintieron una gran preocupación por la pérdida de su forma de vida. El Partido Demócrata del Sur quería mantener su estilo de vida, y cuando Lincoln pronunció su primer discurso inaugural, fue percibido como una amenaza para su estilo de vida.

Poco después, se produciría la secesión, y la represalia contra el Norte por lo que el Sur veía como opresión también sería rápida. La Unión respondería con actos políticos, legales y eventualmente militares para reunir a la nación. La guerra civil fue el resultado de las acciones y reacciones de dos ideologías que cada una creía que se habían distanciado demasiado para coexistir dentro de la misma nación.

El presidente Jefferson Davis y el presidente Lincoln eran las dos caras de una misma moneda. Ambos eran líderes que querían lo que creían que era mejor para el pueblo de su nación y estaban dispuestos a utilizar todos los recursos disponibles para hacer lo que consideraban correcto. Aunque la Unión había entrado en los Estados Confederados en una misión para reunir a las dos naciones, la guerra fue el peor conflicto que jamás haya ocurrido en suelo estadounidense.

Las heridas de esos años aún están frescas en nuestra conciencia colectiva. Cada bando tiene su versión de la guerra, cada uno con sus propios héroes y villanos. Si bien siempre puede haber cierta tensión sobre la guerra civil, fue una guerra la que redefiniría a a los Estados Unidos. Con el paso de los años, la unidad de la nación se fortalecería, los derechos civiles estarían disponibles para más ciudadanos y, finalmente, la igualdad ante los ojos de la ley se convertiría en el estándar.

No hay duda de que la guerra civil es un tema delicado y sensible. A menudo, la guerra civil representa la esclavitud, la represión y la violencia contra los afroamericanos. Si bien esos fueron algunos de los aspectos de la guerra, fue una guerra de unidad. Una guerra que se libró para sacar a todas las personas, a todos los hombres, de la opresión del pasado y marcar el comienzo de "un nuevo nacimiento de la libertad", que es precisamente el resultado del brutal, sangriento y salvaje conflicto de cuatro años que llamamos guerra civil.

Que las lecciones incluidas nos recuerden que debemos estar atentos, aprender, empoderarnos a nosotros mismos y a los demás para no repetir los pecados del pasado, sino avanzar hacia un futuro más brillante, audaz y magnífico que el que conocemos actualmente. Solo a través de la historia y la recopilación de conocimientos podemos esperar progresar hacia ser como dijo Lincoln, "... mejores ángeles de nuestra naturaleza"[127].

---

[127] Lincoln, Abraham. *Documentos de Abraham Lincoln: Serie 1. Correspondencia General. -1916: Abraham Lincoln, enero-febrero de 1861 Primer Discurso Inaugural, Primer Borrador Impreso.* Enero de 1861. Manuscrito / Material Mixto. Recuperado de la Biblioteca del Congreso, <www.loc.gov/item/mal0770200/>, <www.loc.gov/item/mal0770200/>.

Vea más libros escritos por Captivating History

Obras Citadas

Avins, Alfred, comp. *Los Debates de las Enmiendas de Reconstrucción: La Historia Legislativa y los Debates Contemporáneos en el Congreso sobre las Enmiendas 13, 14 y 15.* Richmond: Comisión de Virginia sobre Gobierno Constitucional, 1967.

Brash, Sarah, editor. *La Historia Americana: Guerra Entre Hermanos.* Richmond, Time Life, 1996

Constable, George, editor. *Hermano Contra Hermano: Libros de la Historia del Tiempo Historia de la Guerra Civil.* New York, Prentice Hall Press, 1990.

Cozzens, Peter, editor. *Batallas y Líderes de la Guerra Civil, Vol. 5.* University of Illinois, 2002.

Eicher, David J. *La Noche Más Larga: Una Historia Militar de la Guerra Civil.* New York, Simon and Schuster, 2001.

Katcher, Philip. *La Guerra Civil Día a Día.* St. Paul, El Grupo de Referencia Brown, 2007.

---. *La Guerra Civil Completa.* London, Wellington House, 1992.

Maus, Louis P. *La Guerra Civil: Una Historia Concisa.* New York, Oxford University Press, 2011.

Stokesbury, James L. *Una Breve Historia de la Guerra Civil.* New York, Harper Collins, 1995.

www.ingramcontent.com/pod-product-compliance
Lightning Source LLC
LaVergne TN
LVHW041645060526
838200LV00040B/1717